DIE NATUR
DES ECHTEN UNTERLASSUNGSDELIKTES
UND DIE FOLGERUNGEN DARAUS

VON

DR. IUR. ADOLF ROHDE

LEIPZIG
VERLAG VON VEIT & COMP.
1913

Leipziger zugleich als juristische Inauguraldissertation approbierte Preisarbeit.

Druck von Metzger & Wittig in Leipzig.

MEINEM OHEIM UND PATEN

HERRN

OBERREGIERUNGSRAT ROHDE

IN FRIEDENAU

Inhalt.

Dritter Abschnitt.

Die strafrechtlichen Folgerungen.

Einleitung.

§ 1.

I. Der Begriff des echten Unterlassungsdeliktes verdankt seine Entstehung der reichen rechtswissenschaftlichen Arbeit des 19. Jahrhunderts. Schon frühere Zeiten hatten sich, wenn auch nicht allzu erfolgreich, mit dem Unterlassen beschäftigt, auch hier anschließend an die römischen Quellen.[1] Man hatte aber dabei das einem Verbot widerstrebende, das einen im Verbotsgesetz gekennzeichneten Erfolg „verursachende" Unterlassen im Auge. So auch nach FEUERBACH, der aber zugleich den Anfang der neuen Entwicklung darstellt. Denn seine Konstruktion des Kommissivdeliktes durch Unterlassung setzt voraus „einen besonderen Rechtsgrund (Gesetz oder Vertrag), durch welchen die Verbindlichkeit zur Begehung geschaffen wird".[2] Allerdings interessiert die Nichterfüllung dieser Verbindlichkeit nicht als solche, sondern nur als Ursache des verbotswidrigen Erfolgs. Aber wie gesagt, der Anfang war damit gemacht.[3] OERSTED trennt aufs entschiedenste die Übertretung der Pflicht zur Anzeige des Verbrechens von der Miturheberschaft an diesem[4] und stellt den selbständigen Begriff der negativen Gesetzesübertretung auf, „wo man sich bloß der Beiseitelassung einer gesetzlich befohlenen Pflicht schuldig macht".[5] SPANGENBERG, im Anschluß an FEUERBACH, interessieren nur die zur Vermeidung eines

---

[1] Vgl. besonders LUDEN II, S. 229ff.; GLASER, Abh. S. 322ff.

[2] § 24.

[3] Die Unterlassung spielt für FEUERBACH auch eine große Rolle bei seiner Konstruktion des Fahrlässigkeitsbegriffs (§ 54), nämlich als das von BINDING (N. II, S. 118) verworfene „Omissivdelikt der Denkfaulheit".

[4] S. 203. [5] S. 311.

Erfolgs (Schadens) statuierten Handlungspflichten.[1] De Vries verweist alle Handlungspflichten mit Ausnahme der Beköstigung des Neugeborenen aus dem Bereich des ius naturae.[2]

Von da an finden wir den Begriff in allen Strafrechtssystemen angeführt, aber nur in wenigen eingehend erörtert.[3]

II. Die Untersuchung des Begriffs kann von zwei Seiten in Angriff genommen werden. Entweder man geht von der positiven Anforderung des Rechts aus, man untersucht Pflicht und Gebot und was zu deren Erfüllung gehört; dann erlangt man aus der Negative der letzteren den Begriff des echten Unterlassungsdeliktes. Oder man geht vom Verhalten des Delinquenten aus, orientiert dieses nach den allgemeinen Deliktsbegriffen und findet so das dem echten Unterlassungsdelikt Wesentliche.

1. Diesen zweiten Weg ist man meist gegangen. Dabei galt das unmittelbare Interesse nicht dem echten Unterlassungsdelikt: dieses wurde nur mittelbar gefördert. Man betrachtete das Unterlassen schlechthin in seiner strafrechtlichen Relevanz. Man untersuchte nicht, wo das Recht ein Handeln verlangt, sondern wie ein Unterlassen kausierend wirkt. Weil solcher Betrachtung das echte Unterlassungsdelikt nicht sonderlich viel bot, begnügte man sich mit Formulierung des Gegensatzes, sprach dem echten alle Schwierigkeit in der Behandlung ab; und weil es ferner den Inhalt eines nur kleinen Teils des StGB. ausmacht, interessierte es auch sonst nicht. Fast alle Schriftsteller behandelten es im Zusammenhang und hauptsächlicher Würdigung des unechten Unterlassungsdeliktes und wurden, wenn nicht gar ausschließlich in der Einleitung, so doch in einem kleinen Teil ihrer Abhandlung mit ihm fertig; denn es kam ihnen weniger darauf an, das echte klarzustellen als das unechte durch Vergleichung mit dem echten gewinnen zu lassen. So konnte v. Buri und Landsberg zu der Meinung kommen, die echten Unterlassungsdelikte seien gewissermaßen nur subsidiär den Begehungsdelikten, der Gesetzgeber statuiere Handlungspflichten, um für verbotswidrige Erfolge ver-

---

[1] S. 529. [2] c. III s. II § 3.

[3] Vgl. den Überblick bei Schwalbach S. 538ff. und bei v. Rohland, Strafb. Unterl.

antwortlich machen zu können.[1] Und wenn RADBRUCH[2] im Anschluß an LÖNING das echte Unterlassungsdelikt dem Begehungsdelikt ebenbürtig an die Seite stellt, so geschieht dies nur deshalb, weil er irgendwelche Kausalität bei den Kommissivdelikten durch Unterlassung schlechtweg leugnet und letzteres als reines Unterlassungsdelikt auffaßt, das allerdings nach Verbotsgesetzen zu strafen der Sinn des Gesetzes erlaube.

Die Behandlung unter dem Gesichtspunkt des durch das Begehungsdelikt gegebenen Deliktbegriffs hat noch andere Folgen. So war sie sicher maßgebend für BINDINGS Konstruktion der Tatseite des Unterlassungsdelikts, die der Gewaltsamkeit nicht entbehrt. Vor allem aber: man tat danach das Unterlassungsunrecht damit ab, daß man es einfach ohne nähere Gliederung ins Bereich des formalen Unrechts verwies, wie es LUDEN zum ersten Male tat.

Und daß man von diesem Standpunkt aus an das echte Unterlassungsdelikt heranging, hat seinen Grund in der Auffassung der Aufgabe des Rechts als eines Fernhaltens aller Beeinträchtigungen und Verletzungen, welche in Kantischen und naturrechtlichen Anschauungen wurzelt. Das Wesen des Rechts sei Beschränkung, Verbot; ein Gebot könne nie absolute Geltung haben, sei stets Gesetzesrecht und diene nur den Verboten. Man sah, teleologisch ausgedrückt, das Wesen der Rechtsordnung nur in deren negativer Funktion. LUDENS Unterscheidung von Rechts- und Gesetzesverbrechen[3] kehrt immer in irgendwelcher Form wieder. So finden wir z. B. bei MERKEL neben dem bedeutenden Fortschritt,

---

[1] v. BURI stempelt das Unterlassungsdelikt (besonders in seiner späteren Abhandlung: Beil. z. G.S. 1876, S. 93ff.) zu einem Begehungsversuch. — LANDSBERG (s. besonders S. 174/175 u. 182) will nur zwischen um der Unterlassung willen und um der Unterlassungsfolgen willen strafbaren Unterlassungsdelikten scheiden. — Auch beinahe der ganzen älteren Literatur (z. B. ZACHARIAE I, S. 67) ist es charakteristisch, das Wesentliche des echten Unterlassungsdelikts darin zu sehen, daß gestraft wird auch ohne Eintritt eines schädlichen Erfolgs, und damit diejenigen Handlungspflichten zu übersehen, die gänzlich ohne Rücksicht auf einen solchen statuiert sind.

[2] S. 142, 143.

[3] II, S. 166ff., die sich nicht verträgt mit seiner Identifizierung von Unterlassungs- und Begehungsdelikt an anderer Stelle (II, S. 220).

den seine Einteilung des Unrechts in negatives und positives bedeutet, doch auch noch den Satz: „Es existiert eine allgemeinrechtliche Verantwortlichkeit nur für das, was wir in der Rechtssphäre Dritter in zurechenbarer Weise bewirken, nicht aber für das, was ohne unser Zutun innerhalb derselben vor sich geht, was wir hätten fördern oder verhindern können, aber nicht gefördert oder verhindert haben."[1]

Erst die zweite Hälfte des vorigen Jahrhunderts hat eine Wandlung in der Auffassung gebracht, wohl durch die Vertiefung des öffentlichen, namentlich des Verwaltungsrechts. Die Rechtsordnung will nicht nur sicher stellen, sie will Vorteile und Erfolge gewähren. Sie will nicht nur, daß der Schuldner das Darlehen restituiere, daß der Besitzer des Besitzes froh sei, sie will auch, daß der Staat ein Heer habe, daß das Kind zur Schule gehe und lerne (hiermit hat natürlich die Frage nach dem Staatszweck nichts zu tun). Sie will Verletzungen, Störungen verhindern, bzw. reparieren oder vergelten, und sie will anderseits Neues schaffen. Diese letztere Seite achtete man früher gering, und dies mag seinen Grund haben in der Verkennung des Wesens der Verwaltung, die nach allgemeiner Ansicht solche Zwecke verfolgte, ohne durch Rechtsordnung gebunden zu sein, lediglich aus der ihr innewohnenden Gewalt heraus. Für uns ist Verwaltung die Tätigkeit des Staats zur Verwirklichung seiner Zwecke unter seiner Rechtsordnung.[2] Die Forderungen, die die Verwaltung an das Verhalten der Untertanen stellt, haben ebenso ihre rechtlichen Formen wie die des Kriminal- und Zivilrechts. Gerade hier finden wir ein ausgeprägtes System von Unterlassungsdelikten. Nur wenig strafrechtliche Schriftsteller haben sie in den Kreis ihrer Erörterungen gezogen, und wenn sie es, wie z. B. Binding tun, so interessiert sie doch die unterlassene Verbrechensanzeige mehr als die nicht erfüllte Steuerpflicht; erst wo das Gebot im StGB. selbst in irgendwelcher Form auftaucht, wird es behandelt.

2. Wenige begannen die Untersuchung auf dem erstgenannten Wege: vom positiven Begriff des Gebots, von der Handlungspflicht aus. Hier sind von Strafrechtlern eigentlich nur Merkel

---

[1] Abh. S. 77.

[2] Otto Mayer I, S. 13.

und BINDING als original zu nennen,[1] während im Dienst einer allgemeinen Rechtslehre BIERLING, ZITELMANN und unter den Neuesten FISCHER und KELSEN diesen Weg gingen. Letztere aber wiederum förderten für die spezifisch-deliktische Seite des Begriffs nichts zutage.

3. Schon hieraus erhellt: eine vollständige Erörterung des Begriffs muß beide genannten Wege einschlagen.

III. Die Einteilung der rechtlichen Imperative in Gebote und Verbote, der rechtlichen Pflichten in Handlungs- und Unterlassungspflichten, der Delikte in Begehungs- und Unterlassungsdelikte liegt nahe. Diese beiden Arten von Imperativen, Pflichten, Delikten sind miteinander zu vergleichen. Man stellt diese Einteilung allgemein als oberste hin, damit glaubt man aber genug getan zu haben[2] und verwendet alle Arbeit auf andere Einteilungen: in bedingte und unbedingte, allgemeine und besondere, primäre und sekundäre (bzw. subsidiäre) Imperative. Gewissermaßen nur der Ordnung halber nennt man Handlung und Unterlassung in einem Atem, hat aber doch bei der Untersuchung vorwiegend nur die eine von beiden im Auge, so, wenn beispielsweise ZITELMANN,[3] von den Handlungspflichten ausgehend, behauptet jede Rechtspflicht des Untertan sei bedingt. Oder man verfährt wiederum wie die früheren Kriminalisten,[4] die nur den Verboten absolute Geltung zusprachen.

Stellt man nun Gebot und Verbot in Gegensatz zueinander, ebenso Handlungspflicht und Unterlassungspflicht, Unterlassungsverbrechen und Begehungsverbrechen, so muß man eine dritte Größe bezeichnen, von der aus die beiden zu vergleichenden Be-

---

[1] KOLLMANN formuliert das Gebot erst nach seinen bez. des Unterlassens gefundenen Ergebnissen; im übrigen vgl. unten.

[2] KORMANN S. 75 redet von einer Einteilung „ohne jeden praktischen Wert“.

[3] Vgl. § 6 d. D.

[4] Z. B. KRUG S. 21: „Die Rechtspflicht, welche aus dem sozialen Verhältnis hervorgeht, beschränkt sich auf das neminem laede“; TEMME S. 263 u. a. — In anderer Hinsicht bedeutet die Stellung ZACHARIAES eine gewisse Ausnahme, wenn er S. 69 sagt: „Übrigens kann man nicht sagen, daß die Unterlassung einen weniger gesetzwidrigen Willen verrate als die Begehung.“ — Vgl. auch GOLDSCHMIDT S. 34.

griffe einander ausschließen und im Verhältnis von Position-Negation stehen: absolute Negation ist unmöglich,[1] absolute Gegensätze besagen nichts. In gewisser Beziehung steht Gehen im Gegensatz zu Reiten, in anderer zu Stehen, in dritter zu Passivität. Es kommt immer auf den Punkt an, von dem aus man die Relation herstellt.

Ist nun dieser Punkt für die Vergleichung von Gebot und Verbot, von Handlungs- und Unterlassungspflicht, für Unterlassungs- und Begehungsdelikt stets der gleiche? Die Beantwortung dieser Frage wird zugleich den Begriff des echten Unterlassungsdelikts begrenzen.

IV. Damit, daß wir von Geboten, Imperativen, Befehlen reden, nehmen wir zugleich in gewisser Weise Stellung zu einer Streitfrage bzw. der logischen Struktur des Rechtssatzes.

Kelsen[2] macht der Imperativentheorie (Thon, Bierling, Hold von Ferneck) den Vorwurf unhaltbarer Grundlage. Der Staat könne im Rechtssatz nichts anderes wollen als sein eigenes Verhalten. Das Wollen eines fremden Verhaltens sei für die ethisch-juristische Betrachtungsweise ein Nonsens. Der Hauptfehler der Imperativentheorie bestehe darin, daß sie den Zweck der Rechtsordnung mit dem Willen des Staates identifiziere.[3] Der Rechtssatz sei nichts anderes als ein hypothetisches Urteil über das Verhalten des Staates. Dieser Vorwurf würde auch die Gegner der reinen Imperativentheorie treffen, die wie beispielsweise Binding neben den positiven Rechtssätzen ungesetzte Imperative anerkennen oder wie neuerdings wiederum Fischer[4] die Rechtsordnung in Gebote, Verbote und Gewährungen teilen.[5]

Mag nun auch Kelsen von seiner rein formalen Betrachtung des Rechtssatzes folgerichtig zu diesem Ergebnis kommen, so muß er doch selbst zugeben, daß für eine materielle Betrachtung jeder die Untertanen verpflichtende Rechtssatz als Befehl, als Gebot oder Verbot erscheint, daß er ein mit psychischen Zwangs-

---

[1] Trendelenburg II, S. 168, 169.

[2] S. 190ff.

[3] S. 208.

[4] S. 15ff.

[5] Auf einer widerspruchsvollen Zwischenstufe stehen Belings Normen vgl. S. 115, 119, 124, 140 miteinander.

mitteln ausgerüsteter Appell an fremde Willen ist.[1] Es hat für uns keinen Wert festzustellen, ob, rein logisch genommen, der Staat im Rechtssatz, der das entsprechende Verhalten der Untertanen herbeizuführen bezweckt, nur sein eigenes Verhalten will und das Verhalten der Untertanen nur indirekt aus dem Rechtssatz zu entnehmen ist.[2,3]

Der Rechtssatz begründet Pflichten der Untertanen, und es ist für uns gleichgültig, ob der Pflichten begründende Imperativ sich ergibt aus einem grammatikalisch genauen Imperativ oder aus einem hypothetischen Urteil, letzterenfalls ginge eben die Norm dem Rechtssatz begrifflich voraus.

Wir fassen unter Befehl alle staatlichen Willensäußerungen[4] zusammen, die den Untertan zu einem Tun oder Lassen verpflichten. Dabei ist uns einmal gleichgültig die grammatikalische Struktur des verpflichtenden Satzes, ferner ist uns gleichgültig das Rechtsgebiet, dem er angehört, endlich die Rechtsquelle, der er entstammt. Der aus dem Verwaltungsakt zu entnehmende Befehl steht für unsere Betrachtung der Norm im engeren Sinne Bindings völlig gleich bez. seines Inhalts; die Rechtsfolge interessiert uns in erster Linie ebensowenig wie die gesetzliche Grundlage, genug, daß es sich um obrigkeitliche Anforderungen handelt. Damit ist unser Begriff weiter als der Begriff der dem Strafrecht mittelbar angehörenden Norm und als der Befehl im spezifisch verwaltungsrechtlichen Sinne.[5]

Die schuldhafte Übertretung aller dieser Befehle enthält schuldhafte Rechtswidrigkeit, wir nennen sie Delikt im weitesten Sinne des Wortes. Diese Terminologie ermöglicht, alles schuldhafte Unrecht des bürgerlichen Rechts, des öffentlichen Rechts im allgemeinen wie des kriminellen Unrechts und des Verwaltungsrechts im besonderen, gemeinsam zu bezeichnen. Hierzu sind wir natürlich nur berechtigt, wenn es uns gelingt, zu zeigen, daß der

---

[1] S. 225. [2] S. 205.

[3] Mit Recht behauptet Finger, öst StrR. S. 161 a 3, der ganze Gegensatz zwischen Anhängern und Gegnern der Imperativentheorie sei vielfach nur ein formal-konstruktiver.

[4] „Mit Herrschermacht erlassen“ (Fleiner S. 180).

[5] Vgl. Kormann S. 74f.

Inhalt der Gebote der genannten Rechtsgebiete bzw. Erfüllung und Nichterfüllung wirklich gleichartig ist. Dabei müssen wir selbstverständlich auf den spezifisch strafrechtlichen Deliktsbegriff zurückkommen, wenn wir die Scheidungen innerhalb der Gebote, bzw. ihrer Übertretungen vornehmen.

Erster Abschnitt.

Befehl und Pflicht.

I. Der Befehl.

1. Der Erfolgsbefehl.

§ 2.

Gebot und Verbot sind Imperative. Beide sind der Ausdruck oder die Begründung — das mag dahingestellt bleiben — eines rechtlichen Sollens, einer rechtlichen Pflicht. Beide verlangen von dem Verhalten des Untertan eine bestimmte Richtung, die dasselbe ohne den Befehl nicht unbedingt einschlagen würde. Der Befehl ergeht an alle Subjekte, die ihm unterworfen sind. Er erwartet von ihnen Gehorsam.[1] Dabei ist gleichgültig, ob das unterworfene Subjekt gehorsam ist, weil ihm befohlen wird, oder ob sein dem Befehl entsprechendes Verhalten das gleiche auch dann wäre, wenn der Befehl nicht vorläge. Empfunden aber als Befehl wird der Befehl nur von demjenigen Subjekt, das sich ihm gemäß nur deshalb verhält, weil ihm befohlen ist, oder das sich ihm zuwider verhält, obwohl ihm befohlen ist, also nie dann, wenn der Inhalt des Befehls dem der individuellen Ethik entspricht oder wenn der Befehl nicht Vorstellungselement und Element der Willensbildung war. Anderseits verliert aber vom Standpunkt des Untertan aus auch dort der Befehl seinen Be-

[1] Kollmann S. 190.

fehlscharakter, wo ein ihm gemäßes[1] oder auch ein ihm widriges Verhalten aus physischen Gründen unmöglich ist.

I. Wir betrachten zunächst den Inhalt eines Erfolgbefehls schlechthin.

Ein Befehl kann besagen: Was du tust und unterlässest, ist mir gleichgültig; genug, daß das oder jenes eintritt, daß das oder jenes nicht eintritt! Er verbietet oder gebietet einen Erfolg.[2] Du sollst Steuern zahlen, du sollst Heeresdienst leisten! Du sollst nicht töten, du sollst nicht stehlen! Als Erfolg ist die Bereicherung der Staatskasse, die Vermehrung der Streitkräfte geboten, der Tod eines Menschen, die Verminderung seiner Habe verboten. Gleichgültig ist dem Gesetz, welches Verhalten den gebotenen, bzw. verbotenen Erfolg verursachte.

1. Kann nun der Befehlende sein „du sollst nicht" auch in die Form eines „du sollst" kleiden? Kann er einen bestimmten Erfolg verbieten, indem er einen bestimmten Erfolg gebietet?

a) Du sollst nicht töten! Das will besagen: Du sollst alle einen Tötungserfolg verursachenden Tätigkeiten unterlassen, du sollst die von dir gesetzten, zu einem Tötungserfolg hinstrebenden Bedingungen vernichten, bzw. durch abhaltende ausgleichen. Der Befehlende erklärt sich also sowohl einverstanden, wenn der Untertan überhaupt nichts tut, keinerlei Veränderung in der Außenwelt hervorruft, als auch ist er befriedigt, wenn man, für einen Erfolg ohne die Absicht seiner vollen Herbeiführung tätig gewesen, gegen diesen tätig wird, also einen anderen Erfolg, eine Veränderung der Außenwelt herbeiführt. Die Art dieses Erfolgs ist dem Befehlenden ganz gleichgültig, genug, daß er die eine Eigenschaft nicht hat, Tötungserfolg zu sein. Im Verbot ist also der Untertan weder schlechthin zur Untätigkeit verdammt noch schlechthin zur Tätigkeit verpflichtet. Der Befehlende gebietet also im Verbot nicht

---

[1] Es ist nicht einzusehen, warum die physische Möglichkeit zu handeln so oft — z. B. Glaser, Abh. S. 291; Finger, öst. StrR. S. 445 — zu einer besonderen Gebotsvoraussetzung gemacht wird. Zwang schließt allenthalben Schuld- und Deliktscharakter aus.

[2] Der von der Handlung abgelöste, zum Tatbestand gehörige Erfolg kann sein entweder ein nur dem Seelenleben angehöriges oder nicht angehöriges Ereignis (Beling S. 206).

schlechthin einen Erfolg, sondern nur ein Verhalten, einen Zustand, der sich nur unter Umständen als Täuschung, bzw. als Tätigkeit in bestimmter Richtung, charakterisieren muß.

b) Nun liegt aber vom Standpunkt desjenigen aus, dessen Verhalten wirklich vom Verbot motiviert ist, in dem „du sollst nicht" sicherlich ein „du sollst". Das Verbot gibt dem Willen eine bestimmte, vom Tötungserfolg abhaltende Richtung: du sollst die zum Tötungserfolg hinstrebenden Motive in dir unterdrücken! Wer einen Menschen nicht tötet, weil er weder Tötungsmöglichkeit sieht noch Tötungsabsichten hat, der hat allerdings nicht getötet, er ist aber auch ebensoweit davon entfernt, durch ein Verbot motiviert worden zu sein, einen verpönten Erfolg zu vermeiden bzw. zu verhindern. Das wirklich motivierende Verbot gebietet also auch irgend etwas, verlangt auch irgend einen Erfolg, aber einerseits stellt sich dieser Erfolg nicht unter allen Umständen als ein Erfolg dar, der auch der naturkausalen Betrachtung als Erfolg erscheint, er begnügt sich zumeist mit einem inneren Vorgang, andererseits ist über die Eigenschaft dieses Erfolgs nichts gesagt, als daß er eine bestimmte Eigenschaft nicht haben darf; es ist nicht gesagt, welche Eigenschaft er haben muß: er ist nur negativ und infolgedessen nicht erschöpfend bezeichnet.

c) Sowohl vom Standpunkt des Befehlenden aus als vom Standpunkt des motivierten Untertan aus ist es also unmöglich, das genau bestimmte „du sollst nicht" durch ein genau bestimmtes „du sollst" zu bezeichnen.[1]

2. Kann andererseits der Befehlende sein bestimmtes „du sollst" in die Form eines bestimmten „du sollst nicht" kleiden?

a) Denkbar wäre ein sich lediglich auf das innere Verhalten richtendes Gebot, wie es sich etwa in alten Gesetzen als Gebot gegenseitiger Liebe findet — praktisch wäre seine Annahme müßig, oder wie es sich findet als Gebot des Rechthandelns, der Aufmerksamkeit usw. — ein solches liegt in einem jeden Befehl.[2] Der Erfolg, den der Befehlende im Gebot gebietet, ist stets ein Erfolg, der auch der naturkausalen Betrachtung ein Erfolg ist,

---

[1] Hierzu vgl. BIERLING I S. 74f.; FISCHER S. 17ff.

[2] BINDING, N. II S. 143ff.

stets eine sinnlich wahrnehmbare Veränderung der Außenwelt. Wenn wir also den Erfolg des Gebots negativ fassen und sagen: das Gebot verbietet ein Verhalten irgendwelcher Art: es darf nicht so sein, daß eine (genau bestimmte) Wirkung nicht eintritt, so sehen wir, daß ein solches Verbot zwar das Verhalten auch nicht genau bestimmt, daß aber auf jeden Fall in jedem Gebot das Verbot der Untätigkeit liegt.

b) Auch vom Standpunkt des motivierten Untertan stellt sich das Gebot stets als Verbot der Untätigkeit dar, eben weil es stets einen auch naturkausal als Erfolg erscheinenden Erfolg verlangt.

3. Aus dieser Betrachtung ist gewonnen: der von der Rechtsordnung gewünschte Inhalt des Gebots ist stets ein äußerlicher Erfolg, verlangt stets Tätigkeit, verbietet stets Untätigkeit. Das Verbot dagegen will einen bestimmten Erfolg unbedingt vermieden sehen, verlangt im übrigen nicht unbedingt einen äußeren Erfolg, ist nicht eine unbedingte Verpflichtung zur Tätigkeit oder Untätigkeit.

II. Wie charakterisiert sich nun im einzelnen Erfüllung und Nichterfüllung eines Erfolgsbefehls? Wir setzen voraus, daß der Mensch im Augenblick der Erfüllung bzw. Nichterfüllung weiß, daß er zu handeln bzw. zu unterlassen hat. Die Fahrlässigkeit ist erst später zu behandeln.[1]

1. Der Mensch kann sich zu einem gekennzeichneten Erfolg verschieden verhalten. Er kann mit Beziehung auf ihn tätig sein: für ihn und gegen ihn, mit genügenden und ungenügenden Mitteln. Das Tätigsein gegen ihn kann sein das Bewirken eines Erfolges, der den gekennzeichneten Erfolg für augenblicklich oder immer, ihm selbst oder auch den andern (dem Staat) unmöglich macht zu bewirken, es kann aber auch sein das Bewirken eines Erfolges, der begrifflich ein Gegenteil des gekennzeichneten darstellt. Er kann aber auch mit Beziehung auf ihn untätig sein, entweder so, daß er Handlungen vornimmt, die in keinerlei Bewirkungs- oder Verhinderungsverhältnis zum gekennzeichneten Erfolg stehen sollen,[2] oder so, daß er überhaupt seine Tätigkeit

[1] S. § 16 d. D.

[2] Luden (II S. 223) hat bekanntlich zum erstenmal auf das Andershandeln hingewiesen.

in jeder Beziehung einstellt. Nun ist BINDING zuzugeben, daß objektiv der lebende Mensch überhaupt nicht in reiner Passivität gedacht werden kann; irgendwie wirkt er immer, und wäre es nur, daß sein Atem die Luft verändert. Hieran denkt aber der Mensch nicht, wenn er bewußt untätig sein oder bleiben will. Er denkt an den Zustand, der sich ergibt, wenn man bewußt alle nach einem Ziel oder von einem weg laufende Bewegungen, da sie ihn in irgendwelchen Zusammenhang mit einem Erfolg bringen könnten, unterläßt. Er denkt an die Ruhe, die auf die Außenwelt in keiner Weise einwirken will.

2. Wir beantworten nun die Frage folgendermaßen:

a) Geboten ist der Erfolg: Bereicherung der Staatskasse. Der Mensch kann ihn herbeiführen durch persönliche Zahlung, durch Zahlung in seinem Auftrag, denkbar wäre auch, wenn auch tatsächlich nicht statthaft, Leistung durch Zession oder Aufrechnung. Es läßt sich aber schlechterdings keinerlei Erfüllungsart denken, die in bewußter Untätigkeit bestände: auch der Begriff der Aufrechnung verlangt irgendwelches vorhergehendes tätiges Verhalten. Anderseits kann die Nichterfüllung geschehen so, daß der Mensch am Leistungstag zu Hause bleibt mit dem Vorsatz nicht zahlen zu wollen; oder daß er diese Absicht dadurch zeigt, daß er sich in seinen gewöhnlichen Geschäften nicht stören läßt; oder aber, daß er sein Geld verscharrt oder unwahre Angaben über sein Vermögen macht, damit es dem Staat unmöglich werde, sich auf dem Wege der Exekution zu bereichern; oder daß er endlich sich eine Krankheit beibringe[1] oder eine solche simuliere, damit ihm selbst die Erfüllung unmöglich werde.

b) Verboten ist der Erfolg: Tötung eines Menschen. Um sich verbotsgemäß zu verhalten, kann der Mensch von ihm gesetzte, zum Tötungserfolg hinstrebende Bedingungen zerstören; er kann auch gleich starke abhaltende Bedingungen neben sie setzen; er kann seine Handlungen so einrichten, daß in ihnen keinesfalls hinstrebende Bedingungen liegen, dies letztere kann er vor allem durch volle Untätigkeit. Übertreten werden kann

[1] Hierher gehören auch die der sog. actio libera in causa entsprechenden Fälle; BIERLING III S. 114: gewolltes unbewußtes Unterlassen.

das Verbot nie durch volle Untätigkeit. Auch bei den Kommissivdelikten durch Unterlassung ist irgend eine Tätigkeit immer vorhanden. Ob und inwieweit diese für den verbotenen Erfolg kausal ist, ist hier nicht zu erörtern.[1]

3. Wir fassen wiederum zusammen: dem erfolgsgebietenden Befehl kann der Mensch nur durch Tätigkeit nachkommen, zuwider sein kann er tätig und untätig. Den einen Erfolg verbietenden Befehl kann der Mensch tätig und untätig erfüllen, zuwider sein kann er nur tätig. Und für den gebietenden Befehl insbesondere hat sich schon jetzt ergeben, daß die Nichterfüllung zweifach zu denken ist: entweder als einfaches Nicht-, bzw. Andershandeln, oder als (der verschiedensten Formen fähiges) positives Zuwiderhandeln.

2. Der Tätigkeitsbefehl.

§ 3.

Wie die Sprache zwischen Erfolgs- und Tätigkeitsverben entscheidet, so kennt auch das Gesetz Erfolgs- und Tätigkeitsbefehle.[2] Wo Tätigkeiten Inhalt des Befehls sind, ist der Nachdruck auf die Tätigkeit, und nicht auf den gewöhnlich oder eventuell sich aus der Tätigkeit ergebenden Erfolg gelegt. Dieser letztere kann den Gesetzgeber veranlaßt haben, den Befehl auszusprechen, muß es aber nicht; auf jeden Fall sieht er in der Tätigkeit eine ihm unsympathische Störung oder eine sympathische Förderung.

I. Nun gilt das gleiche, was für die Erfolgsbefehle gesagt ist, für die Befehle, die eine Tätigkeit schlechthin ge- oder verbieten: Straße kehren! Verbotener Weg! Ein Gebot, das eine Tätigkeit schlechthin gebietet, läßt sich nur durch eine Tätigkeit

---

[1] Auf sie wird allzuwenig Gewicht gelegt von denen, die die Hauptaufgabe darin sehen, das Unterlassen als solches zum Verursacher zu machen (v. Rohland, Landsberg) oder mit der Verneinung seiner Realität die Verneinung aller Tätigkeit beim Kommissivdelikt durch Unterlassung für gegeben erachten (Radbruch, Kollmann). Eine solche nachweisen zu wollen nennt Radbruch S. 131 einen „fruchtlosen Versuch".

[2] Über Bindings Einteilung und ihren Wert vgl. § 14 d. D.

erfüllen, läßt sich durch Tätigkeit wie Nichttätigkeit übertreten, umgekehrt ein solches Verbot.

Zweifel können erwecken die Fälle, wo die Tätigkeit nicht gedacht ist im Gegensatz zur Untätigkeit, sondern zu einer bestimmten anderen Tätigkeit: Rechts gehen! Nicht mit offenem Licht in den Stall gehen! Der Gegensatz ist nicht das Nicht-Gehen, nicht das Nicht-in-den-Stall-Gehen, sondern das Links-Gehen, das Betreten des Stalles mit offenem Licht. In solchen Fällen, wo überhaupt nur zweierlei Erscheinungsformen einer Tätigkeit in Frage stehen, ist es möglich, die eine zu verbieten, indem man die andere gebietet, und umgedreht. Es sind Befehle, die nur von denen als solche empfunden werden, die etwas Bestimmtes, an sich Erlaubtes vorhaben; Befehle, die dies Vorhaben nur nach einer Seite hin einschränken. Deshalb faßt man sie wohl richtig als Verbote auf: Entweder gehe rechts oder gehe überhaupt nicht auf die Straße. Entweder verwahre dein Licht oder gehe überhaupt nicht in den Stall. Mir liegt gar nichts daran, daß du auf die Straße, in den Stall gehst, nur will ich nicht, daß du auf der Straße links gehst, im Stall mit offenem Licht herumgehst.[1]

Eine dritte Gruppe endlich bilden Befehle wie: Stillgestanden! Das sind Befehle, deren Inhalt die gesamte Muskeltätigkeit bildet: Rührt euch nicht vom Fleck, spannt die Muskeln an! Ein Wort hat zum Inhalt ein Gebot und ein Verbot, und diese beiden stehen im Verhältnis der Koordination; nicht setzt das eine das andere voraus. Man kann auf dem Flecke bleiben ohne Muskelanspannung, man kann alle Muskeln anspannen zu einer Bewegung. Und je nachdem man mehr das eine oder das andere im Auge hat, wird man mehr den verbietenden oder den gebietenden Charakter des Befehls empfinden. Das Gesetz pflegt aber keine solchen Befehle zu geben, aus guten Gründen. Wohl aber gibt es Befehle, wo auch in einem Wort Gebot und Verbot enthalten ist, ohne daß das Verbot aus dem Gebot logisch hervorginge. Wenn ich jemanden befehle: Verlasse diesen Ort!, so ist damit keineswegs die Wiederkehr an denselben verboten. Wohl aber liegt solch Doppelbefehl

---

[1] Es sind nicht Handlungsnormen, sondern „Normen, Handlungen in bestimmter Weise einzurichten“ (BINDING, N. I S. 110).

in der Ausweisung, die das Gebot „einen bestimmten Ort zu verlassen und das Verbot ihn wieder zu betreten“ enthält.[1]

II. Aus alledem ergibt sich, daß die Tätigkeitsbefehle keine besondere Betrachtung heischen, von der Modifikation natürlich abgesehen, die sich daraus ergibt, daß eben der Erfolg unbeachtet bleibt. Der Gesetzgeber will oft einen bestimmten Erfolg, aber nur auf eine bestimmte Weise herbeigeführt sehen, dann befiehlt er eben eine Tätigkeit, ja er wird sogar immer die großen Erfolgsbefehle des Steuerzahlens und Heeresdienstes in einzelne Tätigkeitsbefehle zerlegen, deren Erfüllung bestimmte Erfolge darstellt. Mitunter aber befiehlt er auch nur Tätigkeiten, die sich in Beziehung auf Erfolge nur als Hinderungen oder Förderungen darstellen; auf diese Unterschiede und ihre Konsequenzen wird bei Betrachtung der einzelnen Handlungspflichten noch zurückzukommen sein.

3. Die in den selbständigen Befehlen enthaltenen unselbständigen Befehle.

§ 4.

Der § 2 d. D. hat gezeigt, wie verschieden sich die Nichterfüllung eines Befehls charakterisieren kann. Diese verschiedenen Arten entsprechen sämtlich nicht dem, was der Befehl will. Keineswegs stellt sich das Verbot ausschließlich dar als Verbot einer Handlung, das Gebot als Verbot einer Unterlassung. Begrifflich schließen beide Befehlsarten andere Befehle ein; ob diese nun expressis verbis ausgesprochen sind oder nicht, sie folgen mit logischer Notwendigkeit aus der Natur der Befehle und des durch ihre Erfüllung zu Bewirkenden.

I. Diese unselbständigen Befehle festzustellen macht im allgemeinen keine Schwierigkeiten.

1. Ein verbotener Erfolg

a) kann eintreten durch Tätigkeiten, und zwar im allgemeinen durch mannigfache Tätigkeiten. Deshalb liegen im Verbote seines Eintritts die Verbote sämtlicher denkbaren ihn ermöglichenden Tätigkeiten. In dem „du sollst auf der Straße keinen Lärm machen“

[1] Meyer in Stengels Wörterbuch III S. 670 (Kormann S. 78).

liegt ebenso „du sollst auf der Straße nicht schreien" wie „du sollst auf der Straße nicht singen".

b) kann vermieden werden durch Tätigkeit wie Untätigkeit. Damit sind aber keineswegs alle ihn ausschließenden Verhaltensarten zur Pflicht gemacht. Der Betreffende kann frei wählen. Nur unter Umständen steht ihm diese Wahl nicht zu, bleibt ihm im konkreten Fall nur eine Möglichkeit der Erfolgsvermeidung, darüber unter II.

2. Ein gebotener Erfolg

a) kann infolge der Untätigkeit wie der Tätigkeit des Pflichtigen ausbleiben. Deshalb ist einmal jedes Nichthandeln verboten. Der Nichterfüllende kann aber auch „anders handeln", er kann in dem Augenblick, wo er erfüllen soll, „Strümpfe stricken".[1] Dies ist ein an sich rechtlich durchaus indifferentes Handeln, im konkreten Fall ist es nur deshalb verboten, weil es dem Pflichtigen die Zeit zum Erfüllen nimmt. Wie aber unten noch zu zeigen sein wird,[2] ist zur Erfüllung der Handlungspflichten meist eine größere Frist vom Gesetz gegeben, als zur Erfüllung nötig ist. Nur einmal in dieser Frist muß der Mensch sein Handeln einstellen, um die Erfüllungshandlung vorzunehmen. Und wenn er während der ganzen Zeit anders handelt und nicht erfüllt, so ist es unmöglich hinterher zu sagen: dies Andershandeln war, weil es dem Menschen die Zeit zu erfüllen nahm, verboten. Man müßte immer präzise sagen: entweder dies oder jenes oder jenes Andershandeln und wäre nicht einmal fähig das ganze Andershandeln so aufzuzählen, geschweige, daß man eins davon als verboten herausgreifen könnte oder dürfte.

Anders dagegen das schon im § 2 charakterisierte Zuwiderhandeln: der Mensch, der nicht erfüllen will, unternimmt etwas, was ihm unmöglich machen soll zu leisten oder andern (dem exequierenden Staat) unmöglich machen soll, ihn zur Erfüllung zwingen oder die Erfüllung über seinen Kopf weg bewerkstelligen zu können. Oder er unternimmt etwas, was in irgend einer Weise das Gegenteil des gebotenen Erfolgs hervorbringt: statt die Wahrheit zu sagen lügt er, statt jemanden vom Verbrechen abzuhalten

---

[1] Krug S. 30.

[2] S. § 8 d. D.

unterstützt er ihn in der Begehung. Alle diese Zuwiderhandlungen sind mit logischer Notwendigkeit durch das Gebot verboten.[1] Sie können im Gesetz in besonderen Verboten ausgesprochen sein, dann handelt es sich um besondere Strafbarkeitsmerkmale;[2] sie können aber auch zugleich selbständig verpönte Handlungen sein: die Zuwiderhandlung gegen die Steuerpflichten kann sich völlig mit dem Tatbestand des Betrugs decken.[3]

b) Ein gebotener Erfolg kann eintreten nur durch Tätigkeit, und zwar im allgemeinen durch verschiedene Tätigkeiten. Zu einer von diesen ist der Mensch verpflichtet; welche das aber sei, steht ihm frei zu bestimmen zu, wenn nicht, was wohl möglich, das Gesetz expressis verbis bestimmte Erfüllungsmöglichkeiten vorschreibt, bzw. bestimmte ausschließt.

II. Auf Grund des hier Gesagten ist es nun möglich, gewissen, Zweifel zulassenden Befehlen die ihnen zukommende Stelle anzuweisen, d. h. sie als unselbständige, sich aus einem logisch übergeordneten Befehl ergebende zu charakterisieren. Wir denken an die Befehle: Du sollst deine Schulden bezahlen! Du sollst kein falsches Einkommen angeben! Du sollst nicht falsch schwören! Haben wir es hier mit selbständigen Befehlen tu zun?

1. Betrachten wir zunächst Befehle wie: Bezahle deine Schul-

---

[1] Diesem Verbot entspricht „die Unterlassung durch Begehung". Noch GLASER, Abh. S. 290, meint, ein Gebot könne nur durch eine Unterlassung verletzt werden. — SCHWALBACH S. 612 leugnet die Existenz dieses Verbotes; er charakterisiert die Zuwiderhandlungen als Vorbereitungs- oder Begünstigungshandlungen. Seine Stellung beruht darauf, daß er nicht vom Begriff des Gebots, sondern von dem der Unterlassung ausgeht. — Mit dem Text übereinstimmend vor allem MERKEL, Abh. S. 91, L. S. 40; BINDING, N. 1 S. 111; LANDSBERG S. 35; BIERLING I S. 76, nur mit der Abweichung, daß wir mit MERKEL und BIERLING unter die verbotenen Zuwiderhandlungen auch das Herbeiführen eines solchen Erfolgs fassen, der in irgend einem Widerspruch zu dem gebotenen steht (ohne dessen Herbeiführung unmöglich machen zu müssen): lügen statt die Wahrheit sagen. Noch enger WACH Druckbg. S. 48 und OLSHAUSEN, N. 3b zu § 1, die als Kommission in der Omission nur das für diese kausale Tätigsein gelten lassen.

[2] v. ROHLAND, int. StrR. S. 71.

[3] Inwieweit dann eine Gesetzeskonkurrenz oder eine Konkurrenz von positivem und negativem Unrecht vorliegt oder vorliegen kann, interessiert hier nicht.

den! Liefere den Fund ab! Du sollst dem, der auf dein Hilfeversprechen hin sich ins Wasser begibt, in der Gefahr beispringen! Wenn du ein fremdes Haus betreten hast und aufgefordert wirst zu gehen, so gehe! In diesen Fällen hat der, dem befohlen wird, Bedingungen gesetzt oder ist in Bedingungen eingetreten, die zu einem ganz bestimmten verbotenen Erfolge führen würden, wenn er nicht einen genau bestimmten anderen Erfolg herbeiführt. Wer ein Darlehen nimmt, eine fremde verlorene Sache aufhebt, soll zurückzahlen, soll abliefern, weil er sonst das Verbot übertreten würde: Du sollst nicht fremdes Vermögen verletzen![1] Der im Erfolgsverbot geforderte, auch durch Untätigkeit zu erreichende (also eine Nichtveränderung darstellende) Zustand hat sich hier verdichtet zu einem nur durch Tätigkeit zu erreichenden, eine Veränderung fordernden, positiven Erfolg. Der Mensch hat sich in eine Lage versetzt, wo es nur einen Erfolg gibt, der die eine, im Verbot verbotene Eigenschaft nicht hat; in eine Lage, wo alle Handlungen außer einer einzigen zu dem verbotenen Erfolg führen würden. Wenn ich gar kein Darlehen aufnehme, so kann solch bestimmtes Verbot gar nicht an mich herantreten. Bin ich aber einmal aus der Ruhe herausgetreten und habe ein Darlehen aufgenommen, so kann ich den verbotenen Erfolg nur auf eine bestimmte Weise, durch einen bestimmten Erfolg verhindern. Dem Gesetzgeber liegt nicht im mindesten daran, daß ich aus der Ruhe heraustrete. Er will nur, daß sein Verbot respektiert werde. Tue ich etwas, aus dem ein bestimmter Erfolg nicht unbedingt hervorgehen muß, so kann ich meinem weiteren Tun noch beliebige Richtungen geben, die alle zu einem bestimmten Erfolg n i c h t führen. Im vorliegenden Falle aber tritt ein Gebot notwendig auf, um das Verbot zu sichern.

Während sich also logisch solche Gebote von selbst aus dem Verbot ergeben, finden sie sich im positiven Recht doch neben diesem ausgesprochen. Beispielsweise begnügt sich das Gesetz mit dem Verbot der Tötung schlechthin, das Verbot der Verletzung fremden Vermögens tritt im BGB. in einer Menge Geboten und Verboten auf, § 123 StGB. nennt ein Gebot und ein Verbot, die sich

---

[1] So mit BINDING, N. I S. 257 gegen MERKEL, teilweise HÄLSCHNER u. a.

beide aus einem Störungsverbot ergeben.[1] Diese verschiedene Behandlung hat ihren guten Grund: der Gesetzgeber will größere Deutlichkeit erreichen oder gewisse Fälle ausnehmen oder nur einzelne Fälle (überhaupt oder schwerer) pönalisieren.

Hat aber ein solches, unter bestimmten Voraussetzungen sich zum Gebot verdichtendes Verbot die Eigenschaften des selbständigen Gebotes?[2] Wenn ich verpflichtet bin, die gefundene Sache abzugeben, ist mir auch verboten untätig zu bleiben, die Sache zu verstecken, zu vernichten. Diese Befehle ergeben sich aber nicht aus dem Gebot: du sollst abgeben, sondern aus dem Verbot: du sollst nicht verletzen. Nicht weil ich abliefern soll, sondern weil ich nicht verletzen soll, bestehen solche Pflichten in solcher Lage für mich. Das Verbot: vernichte nicht! tritt begrifflich zu gleicher Zeit an mich heran wie das Gebot: liefere ab!, es hat nicht das Gebot zur Voraussetzung.

Unsere Arbeit läßt es nicht zu, auf diese Fälle näher einzugehen; es wird nur auf diejenigen von ihnen noch einmal zurückzukommen sein, die Gegenstand strafrechtlichen Interesses sind. Ebenso kann hier nicht auf die Frage nach der logischen Kausalität eingegangen werden: nicht das Verursachen, sondern das Handelnsollen galt es nachzuweisen.[3]

2. Auf der andern Seite treten uns im Gesetz gewisse Verbote entgegen, die flüchtiger Beobachtung sich als selbständige darstellen, in Wahrheit aber wurzeln in einem übergeordneten Gebot. Das Verbot der Militäruntauglichmachung ist an sich enthalten

---

[1] Schwalbach S. 545 behauptet, man könne den Hausfriedensbruch zum mindesten dann nicht als Kommissivdelikt durch Unterlassung behandeln, wenn jemand bewußtlos in eine fremde Wohnung gebracht worden ist. Es ist aber nicht einzusehen, wodurch sich dieser Fall von denjenigen unterscheiden soll, wo nach Binding „scheinbare Konkurrenz von schuldloser Verursachung und culpa subsequens" besteht. — Mit dem Text übereinstimmend Binding, L. I S. 123.

[2] Kollmann, S. 196 scheidet zwischen kausal motiviertem und unmotiviertem Gebot, jenem entspreche das Kommissivdelikt durch Unterl., diesem das echte Unterlassungsdelikt. Vgl. dazu § 15 d. D.

[3] Darüber, daß dort, wo die Kausalität durch Unterlassung in Frage steht, immer auch eine Pflicht zum Handeln bestand, herrscht in der Literatur Übereinstimmung; vgl. Landsberg S. 36.

im Gebot des Heerdienstes. Aber so einfach liegen die Dinge nicht immer.

a) Es handelt sich zunächst um die Nichtzahlung des Zolls bzw. die Wareneinfuhr ohne Zoll.[1] Was ist hier geboten, was verboten? Es können zwei gesetzgeberische Motive vorliegen, die sich beide im gleichen Befehle äußern. Entweder: die Einfuhr soll nur gegen Zoll gestattet sein zum Schutz inländischer Produkte: „du darfst das und das nicht einführen; tust du es doch, dann zahle wenigstens, damit der Schaden, den du dem inländischen Vermögen zufügst, durch eine Leistung an die Staatskasse wieder ausgeglichen werde!": Schutzzoll.[2] — Oder: die Einfuhr soll in keiner Weise erschwert werden, nur soll der Staat an dem Vorteil der Einfuhr partizipieren, und so handelt es sich um das Gebot einer unter bestimmter Voraussetzung zu entrichtenden Steuer: Finanzzoll.[3]

Es wäre aber nun nichts gewonnen, wollte man jedwede Nichterfüllung, also sowohl das Nichtbezahlen wie das Entgegenhandeln, sowohl bez. des Finanz- wie bez. des Schutzzolls, als Verstoß bezeichnen gegen das Verbot: „Schädige keine staatlichen Forderungsrechte!"[4] Unter ein solches Verbot fiele auch das bloße Nichtbezahlen der allgemeinen Einkommensteuer, das Zuhausebleiben beim Vorliegen eines Gestellungsbefehls — auch hier handelt es sich um öffentliche Forderungsrechte.[5] Und die Fassung „verletze nicht usw." würde gleichbedeutend sein mit der Fassung: „sei nicht ungehorsam gegen das Recht des Staates auf Botmäßigkeit, sei gehorsam gegen dies Recht!" Mit andern Worten, es würde sich um die Verletzung handeln, die in jedweder subjektiven Rechtswidrigkeit steckt — eine solche Identifizierung von Verletzung und Rechts-, bzw. Normwidrigkeit anzunehmen, ist aber auch Binding, und mit Recht, weit entfernt.

Für die praktische Behandlung ist es nicht nötig, sich im vorliegenden Fall für Gebot oder Verbot zu entscheiden; anderseits ist es unmöglich, juristisch Schutz- und Finanzzoll zu scheiden.

---

[1] Zum Text zu vergleichen Otto Mayer II S. 459ff.

[2] Schwalbach S. 550.

[3] Merkel, Abh. S. 93.

[4] Binding, L. I S. 341 a. 4.

[5] „Forderungsrecht" in dem weiteren, verwaltungsrechtlichen Sinne.

Der Gesetzgeber sagt weder: „Führe bei Einfuhr Zoll ab!" noch: „Es ist verboten, Waren ohne Zoll einzuführen", er zerlegt vielmehr seinen Befehl in eine Menge Verbote und Gebote, die sich alle aus einem Gebot wie aus einem Verbot ableiten ließen. Das Verbot der Einfuhr hält dem Gebot der Zollentrichtung die Wage. Tatsächlich wird das dem Befehl nicht entsprechende Verhalten nicht bloßes Nichtzahlen sein, sondern ein Entgegenhandeln, ein Angriff auf das öffentliche Forderungsrecht: Man leugnet, zollpflichtige Waren zu führen, man verbirgt sie künstlich, man nimmt Betrugshandlungen vor („Defraude") — man wird dem sich aus dem Gebot ergebenden Verbot: „Vereitele nicht dem Staate die Möglichkeit der Erzwingung seiner Forderung!" entgegenhandeln. Selten wird sich jemand damit begnügen, das Vorhandensein zollpflichtiger Waren gar nicht zu leugnen und einfach zu erklären: „Ich zahle nicht". Das liegt auch in dem volkstümlichen „Paschen": man hat nicht nur nicht gezahlt, sondern hat sich „ums Zahlen gedrückt".[1] Eine solcherart charakterisierte Defraude stellt sich allerdings als Verletzung eines öffentlichen Forderungsrechtes dar — zum Begriff der bloßen Nichterfüllung gehört aber dieser Charakter nicht. Genau so liegt die Sache bei dem gewöhnlichen „Steuerhinterziehen". Ein bloßes Nichtzahlen würde einem wenig nützen; man muß mehr tun, man muß dem Staat die Meinung beibringen, man habe nur so und so viel Einkommen, damit der Staat glaubt, er habe nur so und so viel zu fordern.

b) Noch schwieriger liegen die Dinge bei den Richter- und Zeugenpflichten.

Du sollst Recht sprechen — du sollst das Recht nicht beugen! Du bist zur Zeugenaussage verpflichtet — du sollst nicht falsch schwören! Man könnte geneigt sein, diesen beiden Geboten ihren selbständigen Charakter abzusprechen und sie auffassen als zu Geboten verdichtete Verbote. Man ginge davon aus, daß wenn nicht Justiz geübt würde, durch diese Unterlassung eine Verletzung subjektiver Rechte durch den Staat geschehe. Oder man stempelt

---

[1] BINDING, L. I S. 341 a. 4 macht mit Recht darauf aufmerksam, daß die Defraude als betrügerische Erlangung einer Rückvergütung für schon gezahlte Steuern die Form des Begehungsdeliktes gar nicht verkennen läßt.

die Normen des formellen Rechts wie Bierling[1] zu sekundären, „welche ihrem ganzen Inhalt nach nur Folgenormen zu gewissen primären Normen, nämlich für den Fall des Versagens oder Ungenügens der letzteren sein wollen.“ Ihnen stets charakteristisch ist, „ein Versagen der primären Norm wegen Nichtbeobachtung, mag nun die letztere in vorsätzlichem Zuwiderhandeln oder nur in Versäumung, in schuldbarer, aber nicht vorsätzlicher Nichterfüllung sich äußern. Darum ist auch ihr Zweck der gleiche: Reaktion, Gegenwirkung gegen das Unrecht, Geltungsbewährung der primären Norm als solcher wider die Übertreter.“

Aber weder durch das eine noch durch das andere darf man sich verleiten lassen, den Normen des formellen Rechts den juristischen Selbstzweck absprechen zu wollen. Gewiß setzt die streitige Gerichtsbarkeit in den meisten ihrer Fälle eine Rechtswidrigkeit voraus, diese letztere kann aber auch nur eine „objektive“ sein (was Bierling als Imperativentheoretiker leugnen muß), mitunter begnügt sie sich aber schon damit, daß ein Rechtsverhältnis strittig geworden ist, ohne daß sich irgend eine Rechtswidrigkeit schon objektiviert hätte: so bei den Feststellungsklagen. Man kann also nicht schlechthin sagen: die Justiz will vor Verletzungen schützen, bzw. sie reparieren oder vergelten, also in erster Linie einen Erfolg vermeiden bzw. vertilgen. Das erschöpft sie nicht, das ist nur ihr indirekt sich aus dem juristischen ergebender sozialer Zweck. Sie will weiter nichts als den materiellen Inhalt der Rechtsordnung bewähren, nicht gedacht als Abschlag eines Angriffs, sondern als ein positiver Erfolg. Diesen Erfolg herbeizuführen, haben alle Untertanen mitzuwirken, die einen direkt als Richter, die anderen indirekt als Zeugen. Der Befehl ist in beiden Fällen ein Gebot und kein Verbot: Du sollst Recht sprechen, darum darfst du weder unterlassen im gegebenen Fall einzuschreiten, noch darfst du das Recht beugen! Du bist zur Zeugenaussage verpflichtet, darum darfst du weder schweigen noch lügen. Rechtsbeugung wie falsche Aussage stehen begrifflich dem in der Militäruntauglichmachung und in der falschen Einkommensangabe gegebenen Zuwiderhandeln gleich. Die Rechtsbeugung ist also

---

[1] I S. 134.

schon verboten durch die Richterpflicht, nur daß sie in den besonderen Paragraphen besonders pönalisiert ist.

Nun haben wir aber das besondere Delikt des Meineids, und dieses stellt keinesfalls bloß einen besonders strafbaren Fall der Nichterfüllung (Zuwiderhandlung) dar. Ein solch verbotenes Zuwiderhandeln liegt im Meineid, wenn es sich um den Eid von Aussagepflichtigen, aber nicht, wenn es sich um zugeschobenen, zurückgeschobenen oder auferlegten Eid handelt. Das Zuwiderhandeln gegen eine Handlungspflicht ist also dem Meineid nicht wesentlich. Wesentlich ist ihm aber ein Angriff auf die Rechtsordnung im Medium ihrer Beweismittel.[1] Liegt eine Zuwiderhandlung gegen eine Handlungspflicht in ihm, so ist diese das einzig mögliche Mittel zu diesem Angriff. Das Gesetz scheidet zwischen falscher Aussage schlechthin und falscher Aussage unter offiziellem Eid, neben der selbständigen Norm: Du sollst Zeugnis ablegen! steht gleich selbständig die Norm: Du sollst (wenn du zu schwören hast, freiwillig oder gezwungen) nicht falsch schwören! Es ist also der Meineid nicht ein besonders pönalisierter Fall der Zuwiderhandlung gegen die Zeugenpflicht, sondern er ist Übertretung einer besonderen Norm, und es kann in dieser Übertretung zugleich ein Zuwiderhandeln gegen die Zeugenpflicht liegen, muß aber nicht.[2]

III. Die Feststellungen dieses Paragraphen beruhen in der Hauptsache auf den Untersuchungen Merkels, Bindings, v. Rohlands. Merkels Verdienst ist es, auf die Möglichkeit einer Omission durch Kommission hingewiesen, Bindings Verdienst ist es, die im Gebot enthaltenen Verbote ausgesprochen zu haben, während v. Rohland das von beiden Gefundene durch eine Menge Beispiele gestützt hat.[3] Nur sind diese Schriftsteller unseres Erachtens nicht weit genug gegangen in ihrer Formulierung, sie haben sich mit Feststellung einzelner Tatsachen begnügt, ohne diese zum System zusammenzuschließen. Bei Merkel zeigt sich

---

[1] Binding, Lehrbuch II § 147f.

[2] Merkel, Abh. S. 91 redet hier, von einer Idealkonkurrenz positiven und negativen Unrechts.

[3] Bezüglich v. Rohlands vgl. außer den bereits zitierten Stellen noch int. StrR. S. 57ff., 69ff. und Kausalität S. 59.

dies besonders daran, daß er die Nichterfüllung von Verträgen noch als reines Omissivdelikt faßte. BINDING hingegen zog aus der Unterscheidung Gebot — unselbständiges Verbot nicht die praktischen Konsequenzen bei der Aufstellung der Tatbestandsmerkmale des Omissivdeliktes, sondern ließ vielmehr hier den Unterschied wieder fallen. Die späteren Untersuchungen werden aber gerade den Wert dieser Unterscheidung zu erbringen haben.

II. Die Pflicht.

1. Gebots- und Verbotspflichten.

§ 5.

I. Der Befehl ist eine Willenskundgabe, ein Akt. Er schafft ein Verpflichtetsein, einen Zustand.[1] Einmal in das Bewußtsein des Untertan aufgenommen, bildet er einen dauernden Bestandteil desselben, was sich darin zeigt, daß der Befehl das Leben in bestimmte Schranken fassen will. Betrachten wir das menschliche Leben unter dem Gesichtspunkt dieser Gebundenheit, der Pflicht, d. h. unter dem Gesichtspunkt, wie es in Beziehung zu den ins Bewußtsein aufgenommenen heteronomen Normen des Rechts verlaufen soll, so reden wir von Müssen und Nichtdürfen, Sollen und Nichtsollen. Während im Sollen der Befehlscharakter betont ist, betont Müssen und Nichtdürfen das daraus resultierende Verpflichtetsein mit dem Hinweis auf etwaige Zwangsrealisierung bzw. anderweite Reaktion. Ein Satz mit: „du mußt" und „du darfst nicht" läßt stets eine begriffliche Ergänzung mit „sonst..." oder „wenn du nicht..." zu.

Die Pflicht des Gebots nun ist eine Mußpflicht, die des Verbots eine Nichtdarfpflicht. Eine gemeinsame Bezeichnung für „du mußt" und „du darfst nicht" gibt es nicht. Gewiß: man kann das eine durch das andere ausdrücken, stets wird aber das Nichtdürfen ein negativer Satz sein, während das negativ ausgedrückte Müssen immer positiv ist (die negative Fassung kann nur durch zwei Negativen erreicht werden, und diese heben sich auf). Ob

[1] Vgl. BIERLING I S. 169ff.

sich solche Negation in ein reines „nicht" kleidet oder in einem „un-erlaubt" oder „ver-boten" verbirgt, ist gleichgültig.[1]

II. Damit ist aber noch nichts gesagt über den materiellen Inhalt dieser Pflichten. In einem Nichtdürfen liegt nur ein bestimmtes Etwas nicht; im Müssen liegt ein bestimmtes Etwas, und darum sind durch dieses alle andern Etwas ausgeschlossen. Ein Nichtdürfen erschöpft sich in einem Zustand, ein Müssen verlangt einen Erfolg.[2] Im Nichtdürfen liegt nie eine Beschränkung voller Untätigkeit, und eine Beschränkung der Tätigkeit nur in einer Hinsicht. Ein Müssen beschränkt alle Tätigkeit und Untätigkeit zu Gunsten einer Tätigkeit. Dem Zustand eines Nichtdürfens kann man aus dem Wege gehen, der Zustand des Müssens stellt eine „gebundene Marschroute" dar.[3]

Bei einer Verbotspflicht ist der Mensch gebunden ein Leben zu führen, das die und die Äußerungen nicht zeigt, das die und die Einwirkungen nicht darstellt. Im weitesten Sinne handelt es sich um eine Unterlassungspflicht, nicht aber um eine Pflicht zum eigentlichen (empirischen) Unterlassen, sondern nur um ein Ausbalancieren des Verhaltens, daß es nicht nach einer Richtung hin ausschlage. Um im Bild der Gleichgewichtstheorie zu reden: Ob der Mensch auf jede Wagschale gleichviel legt oder gar nichts legt, oder die Gewichte auf Null reduziert, ist gleichgültig, nur darf die eine Wagschale nicht sinken; gleichgültig ist es auch, ob die andere Wagschale sinkt oder Gleichgewichtslage bleibt.

Bei einer Gebotspflicht ist er gebunden zu einem Leben, das die und die Äußerungen hat, die und die Einwirkungen darstellt. In jedem Sinne liegt eine Handlungspflicht vor, eine Pflicht, aus dem Gleichgewicht herauszutreten. Die eine Wagschale soll sinken, infolgedessen muß ihr Gewicht größer als Null, größer als das

---

[1] Darauf, daß LUDEN den verneinenden Charakter mancher Verben übersieht, beruht sein Fehler der Identifizierung von Unterlassungs- und Begehungsdelikten, von Gebot und Verbot; vgl. auch GLASERS kritische Bemerkungen dazu: Abh. S. 385.

[2] Vgl. KELSEN S. 337.

[3] Wir finden das gleiche Verhältnis bei den Tätigkeiten, mittels deren der fremde Wille Nichtsollen und Sollen durchsetzt: hindern und zwingen. Hindern ist nur ein Negatives, ein aus einer Richtung Drängen; Zwingen ist ein Drängen in eine Richtung (womit zugleich ein Hindern gegeben ist).

der andern sein, welches selbst aber gleich Null oder größer als Null sein darf.

Der Ausdruck Unterlassungspflicht ist nicht restlos befriedigend, in bestimmten Fällen kann das Nicht-dürfen sich zum Müssen verdichten. Und er verleitet dazu, normative und empirische, naturkausale Betrachtungsweise zu vermengen. Wir können aber anderseits die „Unterlassungs"pflicht auch nicht positiv fassen: sie ist eine nur negative Verhaltenspflicht, eine Pflicht nicht einzugreifen, anzugreifen, zu beeinträchtigen, zu verletzen, zu stören. Wir haben hier nicht zu untersuchen, wogegen sich die Tat des die Pflicht nicht Erfüllenden richtet, wann er verletzt oder stört oder gefährdet oder wann er nur „ungehorsam" ist. Die Meinungen hierüber gehen auseinander, sowohl innerhalb der Strafrechtswissenschaft als auch zwischen dieser einer- und der Verwaltungsrechtswissenschaft anderseits.[1] So können wir diese Pflichten nicht anders als Verbotspflichten bezeichnen.

Der Ausdruck Handlungspflicht ist dagegen in jedem Fall erschöpfend. Stets verlangt ihre Erfüllung ein Handeln, das zugleich auch ein Handeln im naturkausalen Sinne ist. Die Verbotspflicht kann unter Umständen zur Handlungspflicht werden, aber in jeder selbständigen Handlungspflicht liegen zugleich immer Verbotspflichten.

III. Damit ist erkannt: Nach dem Maß der Anforderung, die die beiden Arten von Pflicht an den Menschen stellen, handelt es sich um einen graduellen Unterschied, um eine Steigerung; von Ungebundenheit geht es über die Beschränkung zur positiven Forderung.[2,3] Aber nach der Richtung, in der beide den Menschen binden, stehen sie beide im Verhältnis gegenseitiger Negation, ausschließenden Gegensatzes.

---

[1] Bezüglich der letzteren vgl. z. B. Otto Mayer I S. 319 a. 9 u. 10.

[2] Hierin findet v. Rohland, int. StrR. S. 58 den Grund dafür, daß Erfüllung der Gebote nur zugunsten der inländischen Rechtswelt gefordert wird. — Soweit mit dem Ergebnis des Textes übereinstimmend Landsberg S. 35.

[3] Damit ist die Möglichkeit von Mischformen gegeben, so auch Fischer S. 16.

2. Permanente und transitorische, unbedingte und bedingte, abstrakte und konkrete Pflichten.

§ 8.

Nach Zitelmanns Meinung[1] ist sowohl das im Rechtssatz ausgesprochene Urteil bedingt, als auch die im Rechtssatz ausgesprochene Verpflichtung: ich will, daß du dich unter den und den Umständen so und so verhältst, sonst will ich mich so und so verhalten. Hold von Ferneck[2] behauptet, alles Recht sei Situationsrecht, eine Norm trete blitzartig auf in dem Momente, wo die Interessen des Untertans mit fremden Interessen in Kollision zu kommen im Begriffe sind, um dann entweder motiviert habend oder nicht motiviert habend, ebenso blitzartig wieder zu verschwinden. — So allgemein ausgesprochen sind diese Sätze entweder unrichtig oder selbstverständlich.

I. 1. In dem Wesen mancher Verbote liegt es, daß sie immer gelten wollen, daß sie weder ausschließlich für einen bestimmten Ort noch für eine bestimmte Zeit gelten wollen. Sie begleiten das ganze Leben des Untertanen und umgeben ihn stündlich. Für ein im sozialen Organismus regelmäßig verlaufendes Leben bedarf es, objektiv betrachtet, keiner besonderen Voraussetzungen, damit dieses morden, rauben, stehlen könnte. Ein solches Verbot kann jederzeit erfüllt, kann jederzeit übertreten werden. Übertretung ist stets gleichbedeutend mit Veränderung der Außenwelt, Erfüllung kann sich darstellen als Nichtveränderung oder als Veränderung mit Vermeidung einer bestimmten Änderung. Es soll nie übertreten und stets erfüllt werden, d. h. wenn es in einem Falle übertreten war, kann es in tausend anderen Fällen von derselben Person erfüllt worden sein und werden, und umgekehrt. Wenn es aber einmal bewußt erfüllt war (d. h. wenn das verbotswidrige Motiv siegreich bekämpft worden war), hat es nicht seine Geltung erschöpft: der von ihm statuierte Zustand bleibt bestehen. Das einmal ausgesprochene Verbot will eben dem ganzen Leben eine Schranke ziehen, es will eine bestimmte Nichtveränderung. Daran ändert auch der Umstand nichts, daß das

---

[1] In dem Abschnitt über „die juristischen Tatsachen" (S. 200ff.).

[2] S. 205ff.

Verbot nur dann in unser Bewußtsein tritt, wenn wir eine offene Gelegenheit sehen oder eine offene Neigung verspüren, es zu übertreten. Abgesehen davon, daß es normalerweise schon unbewußt den Menschen lenken wird, spricht für unsere Behauptung die Tatsache, daß es, einmal verkündet, in der Regel von selbst immer wieder dann ins Bewußtsein tritt, wenn es in Gefahr ist, verletzt zu werden. Das Verbot schafft einen Dauerzustand, eine permanente Pflicht. „Zu einem Nichtmorden, Nichtstehlen, Nichtverletzen ist der Untertan unter allen Umständen und bedingungslos verpflichtet, diese Rechtspflicht ist eine permanente, sie entsteht nicht etwa unter bestimmten Voraussetzungen und endet nicht etwa bei Wegfall derselben."[1]

Daß die „Unterlassungs"pflicht eine solche sein kann, liegt eben daran, daß sie nur eine Beschränkung nach einer bestimmten Seite hin darstellt, daß sie nicht den ganzen Menschen mit Beschlag belegt. Es gibt natürlich auch Verbote von nur transitorischer Geltung, für einen bestimmten Fall, für eine bestimmte Zeit oder Gelegenheit ausgesprochen. Hier liegt uns aber nur an der Feststellung, daß es schlechthin geltende permanente Unterlassungspflichten gibt.

2. Anders Gebot und Handlungspflicht. Der Mensch hat eine bestimmte Veränderung in der Außenwelt hervorzubringen. Während er dies tut, sind ihm alle, dieser Veränderung widersprechenden Veränderungen unmöglich und alle übrigen, nicht direkt widersprechenden insoweit, als die Herbeiführung der gewünschten Veränderung seine Kraft beansprucht.[2] Dieses Maß kann verschieden groß sein. Theoretisch betrachtet würde, wenn die Veränderung sofort (im engsten Sinne des Worts) und in der begrifflich denkbar kürzesten Zeit geboten wäre, während des Erfüllungsstadiums jede Äußerung des Lebens die Setzung einer Bedingung für die betreffende Veränderung sein müssen. Ist die Veränderung dann eingetreten, dann ist erfüllt. Das Gebot erschöpft sich mit seiner Erfüllung. Es begründet stets eine transitorische Pflicht, die natürlich eine periodische sein kann, keines-

---

[1] Kelsen S. 262.

[2] Noch weiter geht Glaser, Abh. S. 384.

falls eine permanente. Die Permanenz erstreckt sich höchstens von seinem Erlaß bis zu seiner Erfüllung, und die Erfüllung selbst stellt — im Gegensatz zum Verbot — keine Permanenz dar.

Hieraus erklärt sich auch, warum die meisten Gebote Erfüllungsfristen gewähren, die viel größer sind als der zur Erfüllung erforderliche Zeitraum. Eben weil das Gebot die menschliche Freiheit auf das äußerste einschränkt, gibt der Befehlende es dem Untertan anheim, die Zeit selbst auszusuchen, wo er erfüllen, d. h. alle andern Tätigkeiten zugunsten der einen unterlassen will. Und nur in besonderen, dem Gesetzgeber zweckmäßig erscheinenden Fällen ersetzt dieser das „bis dann und dann“ durch „an dem und dem Tag“ oder durch „sofort“.[1]

II. 1. Nun finden wir im Gesetz entsprechend dem allgemein und permanent verpflichtend ausgesprochenen „Wer das und das tut, wird so und so bestraft“ auch allgemein statuierte Handlungspflichten, z. B. „Jeder Deutsche ist wehrpflichtig“. Diese Tatsache könnte auf den ersten Blick verleiten, von permanenten Handlungspflichten zu reden. Das wäre irrig. Mit einer solchen Statuierung wird die Verpflichtung erst in abstracto begründet, wird nur gesagt: du mußt Heeresdienst leisten, wenn bestimmte Voraussetzungen vorhanden sind. Ein Wann, Wo, Wie, Wielange muß noch hinzutreten, ebenso wie eine Steuerpflicht ein Wieviel, ein Wieoft verlangt. Eine Handlungspflicht muß, um konkret in das Leben des Untertan eingreifen zu können, präzisiert sein, muß an Ort und Zeit und Gegenstand unmittelbar geknüpft sein. Diese genaue Präzisierung kann im Gesetz selbst erfolgen, aber auch durch Verfügung an den einzelnen oder „an alle, die es angeht“. Das Gebot eines Erfolges wäre absurd, wenn es diesen Erfolg nicht vollständig umschriebe, d. h. räumlich, zeitlich, gegenständlich. Das schlechthin geltende Verbot sagt: der und der Erfolg ist mir immer und überall zuwider. Das Gebot sagt: der und der Erfolg soll da und da, dann und dann eintreten — eine bestimmte Nichtveränderung kann voraussetzungslos gedacht werden, eine Veränderung ist ein Wirken in Raum und Zeit und

[1] In diesem letzteren Falle kann man das Andershandeln, das juristisch indifferent an sich ist, als direkt verboten auffassen.

Gegenstand hinein, und von diesen drei Größen hängt Geltung und Erfüllbarkeit und Erfüllung des Gebots ab.[1]

2. Hieraus folgt ferner, daß jedes Gebot an Bedingungen geknüpft ist, sei es, daß in Ermangelung ihres Eintritts der Gesetzgeber nicht befehlen will oder nicht befehlen kann. In letzterem Falle lassen wir den Bedingungssatz als selbstverständlich fort. Ob man in concreto physisch fähig ist zu töten, gleichgültig, Tötungsursachen kann jeder setzen. Ein Gebot kann man aber nur unter bestimmten Voraussetzungen[2] erfüllen, eben weil Inhalt des Gebots eine bestimmte Veränderung ist. Die Voraussetzung kann nun liegen in dem Charakter meines Berufs, meiner Gesundheit, meines Vermögens oder in irgendwelchen Beziehungen[3] zwischen mir (meinem Bewußtsein) und einem dritten Etwas.[4,5]

---

[1] Ein markantes Beispiel bietet das Militärrecht: das Gesetz statuiert abstrakt die allgemeine Wehrpflicht aller militärtauglichen Männer. Die Aushebung konkretisiert für den einzelnen diese Pflicht, indem sie für ihn das Bestehen der Pflicht feststellt. Der Gestellungsbefehl konkretisiert sie endgültig, indem er bestimmt, wann, wo usw. der Rekrut sich zur Ableistung seiner Pflicht zu stellen habe (Kormann S. 76).

[2] So u. a. auch Finger, öst. StrR. S. 445. — Die Voraussetzungen aber, die Glaser, Abh. S. 291 und bei Holtzendorff III S. 933, 938 postuliert und Aldosser S. 3 übernimmt, kann man keineswegs als spezifische Gebotsvoraussetzungen hinstellen: teils handelt es sich dabei um Voraussetzungen, die auch solche der Verbote sind, teils beziehen sie sich nur auf Gebote, die im Hinblick auf Verbote gegeben sind.

[3] Nur räumlicher Art: z. B. §§ 116, 360[10] StGB.; § 9 der Strandungsordnung vom 17. V. 1874. — Beziehungen des Bewußtseins: z. B. § 139 StGB., § 60 MStGB.

[4] Diese Voraussetzungen können durch eignes Handeln oder durch vom Verpflichteten unabhängige Ereignisse gegeben sein. Ersterenfalls macht Schwalbach S. 552 nicht das Nichterfüllen, sondern das Handeln ohne Erfüllen zum Tatbestand und damit das Delikt zum Kommissivdelikt. Dies ist aber nur da richtig, wo das Handeln auch ohne das Bestehen einer positiven Handlungspflicht Bedingungen für einen verbotswidrigen Erfolg enthält, d. i. in den Fällen, wo man das Gebot umschreiben kann durch „es ist verboten zu ... ohne zu ...“. — Auch Sturm verweist diese Fälle aus dem Bereich der Unterl.-Delikte und redet, wenn die selbstgeschaffene Voraussetzung in Übernahme einer Verpflichtung bestand, von doppeltem Unrecht (S. 131, 379). — Darüber, daß hier ein Unterl.-Delikt in einem Begehungsdelikt enthalten sein kann, s. § 12 d. D.

[5] Bez. der Geltung der Gebote im Ausland s. v. Rohland, int. StrR. S. 71-85.

III. Eine scheinbare permanente Handlungspflicht begegnet uns in der öffentlichen Dienstpflicht. Das Leben des Beamten wie des Soldaten stellt eine permanente Gebundenheit dar, diese ist aber nicht eine rechtliche Handlungspflicht in unserem Sinne. Auch der Beamte hat neben dem Berufsleben ein Privatleben, wenn es auch — zumal beim Soldaten — auf ein Minimum beschränkt sein kann. Vor allem aber ist darauf hinzuweisen, daß in den Begriff der Dienstpflicht der Begriff der Treupflicht hineinspielt. Die Dienstpflicht als solche verpflichtet zu einem „treuen Verhalten", dieses verlangt als Erfolg nicht einen reellen Erfolg, sondern ein nützliches Verhalten, ein in geeigneter Gesinnung Arbeiten. Zu einem solchen kann man sich verpflichten, man kann dazu verpflichtet sein, es kann einem aber nicht befohlen werden, und die Feststellung, ob es vorhanden oder nicht, enthält kein objektives, sondern ein subjektives Urteil. Erst wo die Dienstpflicht sich äußert in Dienstbefehlen und Dienstvorschriften im engeren Sinne, steht sie für uns zur Betrachtung, und widerspruchslos lassen sich die gewonnenen Ergebnisse auf sie anwenden.

III. Der Zwang.[1]

§ 7.

I. Der dem Willen des Untertan fremde Wille der Rechtsordnung zeigt seine Überlegenheit über den Untertanwillen durch den Zwang, der ihm zur Verfügung steht. Er interessiert uns in seinen Arten hier nur so weit, als er sich bei Handlungs- und Unterlassungspflichten verschieden äußert.

Die Kraft des Zwanges zeigt sich schon in der Fähigkeit des Rechtsbefehls, motivierend zu wirken. Das Verbot wird begleitet von der Aussicht auf ein zu erduldendes Übel, das Gebot von der Aussicht auf zwangsweise Realisierung.

II. Wenn nun aber diese Fähigkeit am unbeeinflußten Willen des Untertan scheitert, so tritt der Zwang in konkreter physischer Gestalt dem Willen, der im Begriffe ist, einem Befehl zu trotzen, gegenüber. Was nun die Unterlassungspflichten betrifft, so kann

---

[1] Hierzu BINDING, N. I S. 424ff., 486ff.

— rein begrifflich gedacht — jeder Mensch an jeder willkürlichen Äußerung durch eine außerhalb seiner selbst gelegene Macht „unmittelbar" gehindert werden, ob man ihm nun die Hände bindet oder ihn einsperrt. Man hindert ihn nicht mittelbar, indem man seinen Willen mit physischen Mitteln beeinflußt, sondern unmittelbar, indem man ihm die Realisierung seines positiven Willens unmöglich macht.

Nicht aber kann der Mensch unmittelbar zu irgendwelchen Handlungen gezwungen werden. Man kann ihn durch Schläge und Drohungen dazu bringen. Aller Zwang richtet sich dann aber nur gegen den Willen, den er motivieren soll. Kein direkter physischer Zwang vermag eine Tat, eine Verwirklichung des Willens hervorzubringen. Um ein Unterlassen zu erzwingen, genügt es, dem Willen die Realisierung unmöglich zu machen; um eine Handlung zu erzwingen, muß man den Willen beeinflussen, daß er realisiere. Hier muß der innere Widerstand gebrochen, dort nur der äußere überwältigt werden.

Der direkte Zwang ist gedacht in Beziehung auf Handlung und Unterlassung im eigentlichsten Sinne, d. h. von Körperbewegungen. Deshalb ist es kein Widerspruch zu dem Gesagten, wenn z. B. der Zitierte gewaltsam geholt wird, gegen den Zahlungspflichtigen zwangsvollstreckt wird. Hier handelt es sich eben nicht um direkten Leistungszwang. Der Zitierte geht nicht, sondern wird geholt, dem Zahlungspflichtigen wird etwas weggenommen. Der Staat handelt selbst, ohne Rücksicht auf Willen und Handeln des Pflichtigen, und der dabei zutage tretende Zwang ist der dem Verbot zur Seite stehende direkte physische Zwang: der Staat hindert den Widerwilligen an allem, was ihm — dem Widerwilligen — möglich machen würde, ihn — den Staat — an der Realisierung seines Willens zu hindern. — Solcher Zwang ist nur möglich bei den unpersönlichen Leistungspflichten. Und Voraussetzung dafür, daß überhaupt solcher Zwang wirken kann, ist natürlich Kenntnis der zwingenden Obrigkeit davon, daß ein Untertan etwas Verbotenes vorhat, bzw. daß er zu bestimmtem Handeln verpflichtet ist. Wo dies nicht der Fall ist — und im Falle des § 139 wird es nie der Fall sein — versagt der verhindernde bzw. positiv zwingende Zwang.

III. Verschieden äußert sich dann auch der Zwang, nachdem der befehlswidrige Wille sich siegreich durchgesetzt, bzw. behauptet hat. Die Äußerung dieses Willens kann sich bei Übertretung eines Verbots nur und unter allen Umständen als Veränderung der Außenwelt darstellen. Bei Übertretung des Gebots kann er sich als bestimmte Nichtänderung (nämlich beim Garnicht- oder Andershandeln) oder als bestimmte Änderung (nämlich beim Zuwiderhandeln gegen das im Gebot enthaltene Verbot) darstellen.

1. Etwas Geschehenes läßt sich nicht ungeschehen machen, höchstens, daß es durch ein zweites Geschehen in seiner Wirkung ausgeglichen werden kann. Deshalb läßt sich auch der Verhinderungszwang nicht nachholen. Und die Staatsgewalt, die vor der Tat darauf ausging, den Untertan von einem Zuwiderhandeln gegen ein Verbot oder Gebot abzuhalten, kann nun nichts anderes mehr tun, als den Untertan zur Wiederherstellung des früheren rechtlichen Zustandes zwingen und, wo dies nicht möglich ist oder gegenüber der Intensität des sich auflehnenden Willens als nicht genügendes Mittel der Rechtsbewährung erscheint, zur Duldung des Strafübels zwingen.

2. Anders, wenn etwas nicht geschehen ist, was geschehen sollte.[1] Der vorige Paragraph wies darauf hin, daß jede Pflicht, um erfüllt werden zu können, genau konkretisiert sein muß. Diese Konkretisierung kann nun so erfolgen, daß Zeit, Ort, Gegenstand vom befehlenden Willen willkürlich bestimmt werden: zahle dann und dann, da und da, so und so viel! Sie kann aber auch so erfolgen, daß gesagt wird: wenn das und das geschieht, und du dort bist, wo es geschieht, oder du weißt, daß es geschieht, dann handle so und so, wirke so und so auf das Geschehen ein! Im ersten Falle, im Falle willkürlicher Festsetzung, ist die Unterlassung ganz andern Charakters als im zweiten Falle, im Falle der Abhängigmachung des Eintritts des Verpflichtetseins von objektiv, unabhängig vom Willen des Befehlenden eintretenden Geschehnissen:

Dort ist der Eintritt bzw. Nichteintritt des Erfolgs gedacht

[1] Mit dem folgenden teilweise übereinstimmend MERKEL, Abh. S. 64f., 94ff.

als ein selbständiger, ohne Zusammenhang mit irgendwelchen dritten Vorgängen. Ein solches Nichtgeschehenes läßt sich aber — an sich betrachtet — eine mehr oder weniger lange Zeit hindurch nachholen. Deshalb kann auch, wenn nicht innerhalb bestimmter Zeit erfüllt wurde, der mittelbare Zwang fortgesetzt werden — allerdings in schärferer Form — oder auch kann die Obrigkeit diesen Zwang jetzt ersetzen durch eigenes zwingendes Handeln: zwangsweise Vorführung, Zwangsvollstreckung und dergleichen. Sie hat, weil noch immer das, was geschehen soll — allerdings verspätet — geschehen kann, im allgemeinen keinen Grund, den Straf- (Vergeltungs-)Zwang anzuwenden.

Hier dagegen liegen die Dinge ganz anders. Der Erfolg ist gedacht und gewollt als ein bestimmtes, naturkausales Eingreifen in einen, mit dem Willen des Staats wie des Pflichtigen an sich nicht zusammenhängenden Verlauf irgendeiner, durch irgendwelche dritten Ursachen bedingten Erscheinung, die eben außer dem, der sie verursacht, niemand zeitlich vorher bestimmen kann, und ihre Ursache muß nicht einmal in der Tat eines Menschen liegen. Die Pflicht tritt in Kraft mit einer Situation, die für den Pflichtigen den Charakter einer zufälligen hat: in Fällen gemeiner Not, wenn man Kunde erhält von einem verbrecherischen Vorhaben, oder wie auch immer das Gesetz sich ausdrückt. Diese Pflichten gehören gewöhnlich zu denjenigen Fällen des vorigen Paragraphen, wo „sofort" gehandelt werden soll. — Auch hier stellt sich das Erfüllen als ein einmaliges, als ein Akt, und nicht als ein dauernder Zustand dar. Aber weil hier das Erfüllen ein Einwirken auf ein bestimmtes Drittes darstellt, läßt es sich, wenn das Dritte sich einmal in irgendeiner Weise ausgewirkt hat, nicht nachholen. Die Zeit, „in welcher die Verhütung des Verbrechens möglich ist", ist eben keine dauernde. Ist sie verstrichen, dann kann eben die Erfüllung nicht nachgeholt werden. Welche Stellung man dabei der Nichterfüllung in der Reihe der den eingetretenen Erfolg bewirkenden Bedingungen anzuweisen hat, inwieweit man von Teilnahme durch Unterlassung reden kann und muß, interessiert hier nicht. — Bei diesen nicht nachholbaren Erfüllungen verhält es sich also ähnlich wie bei den selbst verursachten Erfolgen, die nicht ungeschehen gemacht werden können, d. h. bei den Verbotsübertretungen und den Gebotszuwiderhandlungen: Aller Erfüllungszwang verwandelt sich in Strafduldungszwang.

Diese Unterscheidung nachholbar — nicht nachholbar ist für eine strafrechtliche Betrachtung von größter Relevanz. Die späteren Ausführungen werden das zu erweisen haben.

IV. Aus dieser Betrachtung erhalten wir auch Ergebnisse für die Begriffe „Duldungszwang" und „obligatio ad patiendum".

1. Zunächst bezeichnet Dulden einen selbständigen Begriff gegenüber Nichtstören und Leisten. Es stellt den höchsten Grad menschlicher Beschränkung dar, denjenigen Grad, wo der Mensch als freihandelndes Wesen ignoriert wird, und etwas mit ihm getan wird, wo er sich etwas „gefallen lassen muß", wo er sich gegen einen fremden Angriff nicht wehren darf. Dies Dulden bezieht sich auf seine Person oder auf seine Habe; zu dem ersteren gehört der Impf- und wohl auch der Schulzwang, zu dem letzteren gehören die Eigentumsbeschränkungen des BGB., die mannigfachen Notrechte des Staates u. a. Der Befehl enthält hier das Gebot, sich etwas gefallen zu lassen, oder das Verbot, sich nicht dagegen zu wehren. In diesem höchsten Falle der Beschränkung ist eine Unterscheidung nicht angebracht.[1]

2. Ein Dulden von solch selbständiger Bedeutung ist natürlich im Rechtsstaat auf ein Minimum beschränkt.[2] Eine ordnungsmäßige Erscheinung ist es dagegen, auch im Rechtsstaat, in Abhängigkeit von einem Gebot oder Verbot. Der Staat befiehlt, d. h. er wendet sich an den Willen des Untertan, daß er willkürlich dies tue und jenes nicht tue. Und erst, wenn der Untertan nicht will, handelt der Staat über dessen Kopf hinweg, zwingt ihn zum Dulden, hindert ihn gewaltsam, nimmt ihm gewaltsam etwas weg, oder gar nimmt er dem Menschen, der nicht wollte, wie er sollte, die Fähigkeit, irgendein Wollen zu realisieren, indem er entweder seine physische oder seine rechtliche Handlungsfreiheit oder beide beschränkt oder ganz vernichtet.

---

[1] Bierling charakterisiert den Befehl als Verbot (I S. 243), Binding redet nur von Zwang zur Unterlassung eines Widerstandes (N. 1 S. 487).

[2] Hierzu Fischer S. 10.

IV. Schlußbemerkungen.

§ 8.

I. Die bisherigen Erörterungen haben gezeigt, daß man von negativen und positiven Forderungen des Rechts reden kann und entsprechend von positivem und negativem Unrecht, wie es Merkel[1] zum ersten Male tat. Nicht aber darf eine juristische Betrachtungsweise sich von allgemeinen Zweckgesichtspunkten leiten lassen, wie es eben eine teleologische, soziale Betrachtungsweise tut: diese kennt eine positive und eine negative Funktion der Rechtsordnung, wobei sie die positive Funktion in drei Erscheinungen sieht: Der Mensch soll etwas für sich tun (z. B. Schulzwang), für andere tun (z. B. Nothilfe) oder für den Staat, die Gesamtheit (also nur indirekt für sich und andere). Eine solche Betrachtungsweise wird aber nicht objektiv-widerspruchslos die einzelnen Pflichten unter ihre Kategorien subsumieren können. Erhaltung des Wohlstandes und Förderung desselben sind mehr politische als juristische Begriffe, sie gehen ineinander über und lassen eine subjektive Stellungnahme zu. Um nur auf eines hinzuweisen: die Frage nach dem Zweck der Heerespflicht läßt mannigfache Beantwortung zu, juristisch aber ist sie Selbstzweck.

Hierauf baute Ortmann[2] seine Einteilung der Verbrechen, indem er dem formell-negativen Unrecht das eigentlich negative Unrecht, das materiell-negative gegenüberstellte. Ein Unterlassungsverbrechen liegt für ihn vor, wenn die bei Strafe gebotene Förderung des fremden Zweckes nicht vorgenommen wird. „Ob das betreffende Gesetz die prohibitive oder präzeptive Form hat, darauf kommt für die hier festzustellenden Begriffe nichts an.“[3] Die „hier festzustellenden Begriffe“ haben aber keinerlei juristischen Wert. Ortmann unterläßt es selbst, Konsequenzen daraus zu ziehen. So faßt er auch jede positive Zuwiderhandlung als Unterlassungsverbrechen auf,[4] und für sie alle gilt, daß sie „an und für sich gar keine Delikte“ sind, sondern erst durch die gesetz-

---

[1] Bes. Abh. S. 79.

[2] Holtzendorffs StrRZtg. 1873, S. 465ff.

[3] S. 468. [4] S. 478.

liche Strafdrohung dazu werden, während die Begehungsverbrechen solche schon an sich sind.[1]

Ebensowenig ist dem Versuch, den in neuerer Zeit GOLDSCHMIDT gemacht hat, beizustimmen, der dem „Wollendürfen“ die „Wohlfahrt“, der „Rechtswidrigkeit“ die „Verwaltungswidrigkeit“ gegenüberstellt als Unterlassung der Unterstützung der staatlichen, als Förderung des Gesamtwohls angesehenen Tätigkeiten,[2] wobei diese Unterlassung Übertretung von Verbot oder Gebot, Rechtswidrigkeit dagegen nur Übertretung eines Verbots sein kann. Eine rechtliche Relevanz dieser Einteilung läßt sich nicht erfinden. Sie ist ebenso von teleologischen Gesichtspunkten beeinflußt, wie wenn früher HEYSSLER strafloses und Unterlassungsunrecht identifizierte.[3] Übrigens verschiebt GOLDSCHMIDT, worauf hier nicht näher einzugehen ist, selbst diese Einteilung wieder, indem er Verwaltungswidrigkeit und Vorschriftswidrigkeit gleichsetzt und das Verwaltungsdelikt zum Rechtsdelikt werden läßt, „sobald als die Machtsphäre des verwaltenden Staates als reales Schutzobjekt in Frage kommt“, sobald „eine wirtschaftliche Rechtsvorschrift in Frage steht“.[4]

II. Die scharfe Unterscheidung, die MERKEL mit positivem und negativem Unrecht, BINDING mit Verbot und Gebot gab, verliert sofort an Präzision, wenn man sie unter nichtjuristischen Gesichtspunkten vornimmt. Die Erfüllung eines Gebots ist Selbstzweck, wenn dieses weder begrifflich noch tatsächlich einen höheren Befehl voraussetzt: ein solcher liegt vor beim Begehungsdelikt durch Unterlassung, hier ist ein Verbot im konkreten Fall zum Gebot geworden.

III. Es ist bisher einmal versucht worden, das Gebot vom Verbot abzugrenzen, anderseits aber auch Gebot, Handlungspflicht, ihre Erfüllung und Nichterfüllung selbständig zu charakterisieren. Wenn wir später das echte Unterlassungsdelikt in seiner strafrechtlichen Bedeutung und Behandlung zu würdigen

[1] S. 475.

[2] Bes. S. 539ff.; vgl. dazu BELING S. 36, 131f.; FINGER, öst. StrR. S. 167 a[15].

[3] Bes. S. 28—30.

[4] S. 577.

haben, so müssen wir uns dazu vor allem folgende Ergebnisse gegenwärtig halten:

In jedem Gebot steckt das Verbot des Zuwiderhandelns, darum kann die Nichterfüllung bloßes Nicht- (Anders-) Handeln und Zuwiderhandeln sein.

Die Handlungspflichten teilen sich in willkürlich und nicht willkürlich befristete, damit ist zu unterscheiden zwischen nachholbaren und nicht nachholbaren Erfüllungen.

Zweiter Abschnitt.

Das System der Handlungspflichten.

I. Die Handlungspflichten im allgemeinen.

§ 9.

Der vorige Abschnitt d. D. hat versucht, den Geboten und Handlungspflichten ihre Stellung anzuweisen im System der Rechtsordnung, vorzüglich in Gegenüberstellung zu den Verboten und Verbotspflichten. Damit sind die Handlungspflichten nach außen begrenzt. Nun erheben sich aber die Fragen: Welche Handlungspflichten kennt die Rechtsordnung überhaupt? Zeigen diese untereinander Verschiedenheiten? Vor allem: tragen die Handlungspflichten des StGB. ein juristisches Sondergepräge? Wir beginnen mit der ersten Frage, nicht so, daß ein vollständiger Katalog zu geben versucht werde — uns liegt nur daran, größere Gruppen anzudeuten. Ihrer aller schuldhafte Nichterfüllung ist Unterlassungsdelikt, sie alle lassen nicht nur Nichterfüllung, sondern auch Zuwiderhandlung zu. Ob wir aus allen diesen Nichterfüllungen ein Unterlassungsdelikt im engeren Sinne herausheben können, wird sich erst zeigen, wenn wir das Vorkommen der Handlungspflichten in strafgesetzlichem Zusammenhang geprüft haben werden. In dieser letzteren Hinsicht werden wir uns —

vergl. den nächsten Paragraph — auf das StGB. beschränken und die zahlreichen Strafnebengesetze übergehen.

I. Den hauptsächlichsten Handlungspflichten begegnen wir im Gebiete des Verwaltungsrechts unter den Bezeichnungen Zwang, Pflicht, Last: Pflichten, die auf der allgemeinen Gehorsamspflicht der Untertanen oder auf besonderen Rechtstiteln beruhen,[1] Pflichten, deren Inhalt eine höchstpersönliche oder eine unpersönliche, wirtschaftliche Leistung sein kann. Hier sind zu nennen[2] die Steuer- und Gebührenpflicht, die Pflicht zur Benützung öffentlicher Anstalten, die Zwangspflicht des Heeres- und Gerichtsdienstes, die freiwillig übernommene Dienstpflicht des Ehren- und Berufsbeamten, die Pflicht zu Zweckmäßigkeitslasten (z. B. Manöverquartier) und Zufallslasten (Not- und Gerichtslasten). Diese Pflichten müssen, um erfüllt werden zu können, konkretisiert sein.[3] Der Staat kleidet sie in eine Menge Einzelvorschriften,[4] deren Erfüllung teils Erfüllung der obengenannten Handlungspflichten darstellt, teils nur die Überwachung erleichtern, die Übertretung erschweren soll, unter Umständen auch nur ein gewisses Äquivalent gegen Erleichterung und Befreiung von gewissen Pflichten bedeutet (man denke an die Vorschriften beim Zollverschluß). So stehen hier neben den eigentlichen Geboten verbietende und gebietende, den eigentlichen Geboten dienende Befehle, Nebenbeibefehle, deren Übertretung als Kontravention, Ordnungswidrigkeit bezeichnet wird.[5] Auch sie können direkt aus dem Gesetz oder aus einem besonderen Gewaltverhältnis sich ergeben. Hierher gehören Regulative, Anstaltsordnungen, Dienstanweisungen, die ganze Menge der im Zentralblatt publizierten Verordnungen für die Fabrikanten steuerpflichtiger Erzeugnisse, Bekanntmachungen, die das Manöverquartierwesen betreffen, und vieles andere mehr.

II. Eine Gruppe für sich bilden die sogenannten Polizei-

---

[1] FLEINER S. 139.

[2] Im Anschluß an OTTO MAYER. [3] § 6 d. D.

[4] Vgl. z. B. bez. der Finanzpflichten die Beispiele bei OTTO MAYER II S. 433f.

[5] Die Ordnungsstrafen können bald Strafen im Sinne vergeltender Maßregeln, bald Zwangsmittel sein: HOFACKER S. 461.

pflichten. Die Polizei ist eines der umstrittensten Rechtsgebilde sowohl des Polizei- wie des Rechtsstaates. Ob Polizeiwidrigkeit nur formale oder auch materiale Rechtswidrigkeit in sich schließe, ob ihr nur eine negative oder auch eine positive Funktion zukomme — fast so viele Meinungen als Schriftsteller.

1. Für uns ist Polizei: „Die Staatstätigkeit zur Abwehr von Störungen für die gute Ordnung des Gemeinwesens aus dem Einzeldasein mit obrigkeitlicher Gewalt."[1] Ihre Urform ist Verhinderung von Störungen. Daneben aber treten Anforderungen und Auflagen von ganz entgegengesetzter Gestalt: der einzelne soll positive Leistungen machen, die Störung beseitigen, die er bereitet hat, Vorkehrungen treffen gegen künftige Störungen, Anzeigen, Meldungen erstatten. So kommen auch Gebote massenhaft in ihr vor. Was aber auch immer durch solche Gebote dem einzelnen befohlen sein mag, „es darf immer nur dazu bestimmt sein, die Störung zu bekämpfen, die von ihm ausgeht oder ausgehen könnte." Das Ergebnis aller Polizeigewaltsausübung ist letzten Endes nie mehr als dies: daß der Betroffene nicht stört.

2. Auch bei diesen polizeilichen Störungen handelt es sich um Äußerungen des Einzeldaseins, die als ein Übergreifen in fremde Sphären, hier in die der guten Ordnung des Gemeinwesens, empfunden werden. Was eine Störung sei, unterliegt auch hier subjektivem Urteil — eine naturkausale Betrachtung kennt weder ein Stören, noch ein Angreifen, noch ein Verletzen, sie kennt nur ein Einwirken und ein entsprechendes Verändern. Die polizeilichen Befehle stehen in dieser Hinsicht den spezifisch strafrechtlichen Verboten völlig gleich. Die Verwaltungsrechtslehre hat aufzuweisen, daß auch das sogenannte Formalvergehen seine materielle Grundlage hat,[2] materiell im rechtlich-subjektiven Sinne. Zweierlei unterscheidet allerdings die polizeilichen Störungen von den gemeinstrafrechtlichen.

a) Es handelt sich um Störungen geringfügiger Art, die einem Durchschnittsbewußtsein zuweilen als solche gar nicht erscheinen. Dieses sieht in ihnen kein Stören, Beeinträchtigen, Übergreifen; der verwaltende Staat muß ihm erst sagen, daß er, der Staat, sie

[1] Otto Mayer I S. 249; zum folgenden S. 269/270.
[2] Otto Mayer I S. 319 a[9] und [10].

als solche auffasse, sei es, weil er sich durch sie in seiner Tätigkeit erschwert fühlt, sei es, weil er glaubt, es könnten sich einzelne seiner Untertanen durch sie beeinträchtigt fühlen, sei es, weil er glaubt, es könnten sich gewisse Situationen, wenn sie nicht vernichtet oder durch bestimmte andere ersetzt würden, auswachsen zu größeren verbotenen Störungen oder zu Störungen, für die man dann eventuell niemanden verantwortlich machen könnte. Nun behauptet man wohl, hier handle es sich ausnahmslos um reine Gehorsamsgebote bzw. Ungehorsamsverbote.[1] In vielen Fällen aber steckt auch im Polizeidelikt die Verletzung eines Rechtsgutes, mag dies auch nur das unbedeutende der öffentlichen Ruhe sein. Vor allem aber widerspricht dieser Auffassung die Tatsache, daß der verwaltende Staat nicht schlechthin alles gebieten und verbieten kann in seiner Polizeitätigkeit, sondern eben nur das, was in seinem Nichtdasein bzw. Dasein ihm vernünftigerweise als Störung erscheinen muß. Und es ist hinlänglich bekannt, wie oft Polizeibehörde und Oberverwaltungsgericht über dieses „vernünftigerweise" verschiedener Meinung gewesen und noch sind.[2]

b) Dazu kommt noch ein anderes. Die Polizei ist ein Zweig derjenigen staatlichen Tätigkeit, „die nicht Gesetzgebung oder Justiz ist".[3] In der Justiz geschieht alles für die Rechtsordnung,[4] in der Verwaltung, also auch in der Polizei, geschieht alles für die Verwirklichung der Staatszwecke. In der Strafjustiz reagiert der Staat, weil seine Befehle mißachtet wurden und das eingetreten ist, was nicht eintreten sollte, für die juristische Betrachtung ist der Zweck irgendwelcher Prävention völlig irrelevant. Für die Verwaltung dagegen ist die Anwendung des Rechts nur Mittel zum Zweck. „Die Justiz hat durch ihre Urteile festzustellen, was nach dem geltenden Gesetz rechtens ist, unbekümmert darum, welche Folgen daraus für den Staat und den Betroffenen entstehen. Die Verwaltung dagegen hat das Gemeinwohl zu fördern,

---

1 Binding N. I S. 409.

2 Vgl. übrigens auch Wach GS. 1873, S. 458; Bierling I S. 143. — Von dem hier Gesagten wird die Unterscheidung zwischen Tätigkeits- und Erfolgsbefehlen nicht berührt.

3 Otto Mayer I S. 9.

4 a. a. O. I S. 13.

Nützliches zu schaffen. Der Verwaltung Lebenselement ist das Handeln."[1] Darum hat sie vor dem Störer dessen Störung im Auge, all ihr Zufügen von Übeln geschieht nur, um die Störungen zu beseitigen, Bedingungen zur Entfaltungsmöglichkeit nützlicher Kräfte zu schaffen. Darum bestraft sie einerseits Störungen nicht mehr, die sie zur Zeit des Befehlserlasses als solche empfand und jetzt nicht mehr empfindet, darum straft sie nur, wenn sie glaubt, mit Strafen etwas erreichen zu können, darum straft sie anderseits zuweilen wiederholt, darum hat sie die Wahl zwischen Strafe, Gewaltanwendung[2] und Ersatzvornahme. Aus dieser ihrer Natur und dem Umstande, daß eine Menge der von ihr als Störungen empfundenen Handlungen und Nichthandlungen im gemeinrechtlichen StGB. niedergelegt sind, haben sich denn auch bis in die neueste Zeit Konflikte ergeben hinsichtlich der Möglichkeit doppelter, bzw. wiederholter Bestrafung.[3]

3. Eben hierin liegt es begründet, daß die Polizei Handlungspflichten aus der allgemeinen Nichtstörungspflicht ableitet in ihren Polizeistrafgesetzen, ihren Polizeiverordnungen, ihren eigentlichen Polizeibefehlen. Der Oberbegriff, die Nichtstörung, tritt zurück hinter den positiven Anforderungen, deren Abhängigkeit von jenem dem Laien nicht immer plausibel erscheinen mag. Hierher gehören die unzähligen Berufs- und Betriebsvorschriften, die Pflichten zur Beseitigung rechtswidriger, d. h. der Verwaltung als Störung erscheinender Zustände, die Vorschriften für Haus- und Grundbesitzer und vieles andere mehr. Hierher gehören aber auch die vielen im Interesse der öffentlichen Sachen, der öffentlichen Unternehmungen, der öffentlichen Anstalten (Post-, Schul-, Gerichts-, Gefängnispolizei) statuierten Handlungspflichten.

III. In einem sachlichen Zusammenhang mit den Polizeihandlungspflichten steht eine weitere Gruppe Handlungspflichten. Auch diese bilden in gewisser Weise einen Übergang zu den Verbotspflichten, sie sind aber wohl zu scheiden von den im § 5 be-

---

[1] Fleiner S. 7.

[2] Über die Notwendigkeit ausdrücklicher gesetzlicher Ermächtigung zu dieser vgl. Otto Mayer I S. 344.

[3] Vgl. Otto Mayer I S. 334ff.; die Aufsätze Neukamps und Hofackers befassen sich vorzüglich mit dieser Frage.

handelten, zu Handlungspflichten gewordenen Verbotspflichten. Sie sind nur bestimmten Personen auferlegt. Es steht im Belieben des einzelnen, die Voraussetzungen zu schaffen, unter denen sie für ihn Geltung haben. Er kann sich völlig von ihnen fernhalten. Dem Gesetzgeber liegt an sich nichts daran, daß der Betreffende die Voraussetzungen schaffe; wenn sie aber einmal da sind, dann liegt dem Gesetzgeber an der Erfüllung solcher Pflichten. Ihre Erfüllung stellt weder die Vermeidung eines verpönten noch die Herbeiführung eines Erfolgs dar, der als solcher von der Rechtsordnung erstrebt wird. Sie sind, teleologisch betrachtet, einmal zu denken als Präventivmaßregeln gegen aus ihrem Nichtbefolgen eventuell sich ergebende verpönte Erfolge — es würde nichts geboten werden, wenn nicht zugleich ein Mehr verboten wäre — sie enthalten aber auch zugleich positive, auch unabhängig von einem übergeordneten Verbot als solche erscheinende Erfolge. Es sind hier zu nennen die mannigfachen gesetzlichen Pflichten einzelner Berufe, z. B. die aus dem HGB. sich ergebenden Handlungspflichten. Aber auch die Unterhaltungspflichten dürften hierher zu rechnen sein, deren Durchsetzung nicht vom Willen des Berechtigten abhängt.

II. Die Handlungspflichten des Strafgesetzbuches.

§ 10.

Wenn wir das StGB. daraufhin untersuchen, wo und in welchem Zusammenhange Handlungspflichten in ihm auftreten[1], müssen wir uns gegenwärtig halten, daß wir das Verhältnis von Ge- und Verbot in einer Beziehung als das des Gegensatzes, in anderer als das eines graduellen Unterschieds im Maße der Anforderung erkannt haben, und daß sich aus Geboten Verbote, aus Verboten u. U. Gebote logisch notwendig ergeben.

I. Eine große Reihe verwaltungsrechtlicher, selbständiger Handlungspflichten finden wir auch im StGB. wieder. Nicht aber so, daß ganz allgemein ihre Nichterfüllung mit Strafe bedroht

[1] Es kann nicht unsere Aufgabe sein, einzeln in diesem Paragraph darauf zu verweisen, welchen Deliktscharakter die einzelnen Schriftsteller den in Frage kommenden Paragraphen des StGB. zuweisen.

ist, sondern nur die Zuwiderhandlung oder einzelne Fälle derselben. Das hat seinen guten Grund in der schon oben dargelegten Möglichkeit, Versäumnisse nachzuholen, die Pflichten zwangsweise zu realisieren, den mittelbaren Zwang fortzusetzen. Nicht das Nichtableisten der Heerespflicht, sondern das sich ihr Entziehen, nicht das Nichtzeugnis[1], sondern das falsche Zeugnis unter Eid, nicht das Nichterfüllen der Berufspflicht, sondern das ihr Zuwiderhandeln durch Mißbrauch der Berufsgewalten und -rechte, also überall nicht ein ausgebliebener Erfolg, sondern ein eingetretener Erfolg mit seiner kausierenden Kraft ist Inhalt der Tatbestände, deren Grundlage Handlungspflichten sind. Nicht das Unterlassen wird gestraft, sondern das Herbeiführen eines dem gebotenen Erfolg irgendwie konträren Erfolgs, also ein Begehungsdelikt. Die lügenhafte Entschuldigung von Gerichtslast und Gerichtsdienst wird nach § 138 StGB. bestraft, dessen Abs. III ausdrücklich sagt, daß diese Strafe neben der nach § 380 ZPO., § 50 StPO. für das Nichterscheinen (also das Unterlassen) zulässig ist. Hierher gehört ferner die Verletzung der Wehrpflicht §§ 140—143. Wieweit in den Eidesdelikten ein Zuwiderhandeln gegen eine Handlungspflicht liegen kann, ist schon in § 4 d. D. klargestellt. Ein solches Zuwiderhandeln liegt weiter noch vor im Fall des § 221 I 2. Hlbstz: Der Verpflichtete sorgt nicht nur nicht für Unterbringung usw. der Person, sondern verläßt die Person sogar. Und endlich auch in den sog. Beamtendelikten in ihrer Vielgestaltigkeit.

Auch das in § 140 erwähnte Aufhalten im Ausland stellt kein bloßes Unterlassen dar. Wer in der Absicht, sich dem Heeresdienst zu entziehen, nach erreichtem militärpflichtigen Alter sich im Auslande aufhält, hat damit schon Bedingungen gesetzt gegen die Erfüllung, gegen die Möglichkeit zwangsweiser Herbeiholung. Ebenso will der Beamte, der in der Absicht, jemand der gesetzlichen Strafe zu entziehen, die Verfolgung der strafbaren Handlung unterläßt (§ 346), eben nicht nur nicht seine Dienstpflicht erfüllen, sondern will die Unterlassung benutzen zu einem anderweiten, eine Dienstpflichtverletzung darstellenden Erfolg. Ebenso

[1] Dieses ist pönalisiert in § 390 ZPO. und § 69 StPO.

ist endlich das nicht zur Kasse bringen des § 353 zu beurteilen. Nur der § 320 I hat zum Inhalt ein bloßes Unterlassen: Das Nichtentfernen des Verurteilten durch den Vorsteher einer Verkehrsanstalt. Und auch dieses Unterlassen birgt in sich Bedingungen für einen störenden Erfolg, wenn dieser allerdings auch von dritter Seite ausgeht.

II. Daß sich gewisse Verbotspflichten zu Handlungspflichten verdichten können, hat unsere frühere Erörterung gezeigt, die eine wesentlich normative war: d. h. sie erörterte nicht, was der Mensch in gewissen Lagen verursacht, bzw. nicht verursacht, sondern was er verursachen soll bzw. nicht soll. Die Nichterfüllung solcher Handlungspflichten stellt stets und unter allen Umständen eine Störung, Verletzung (oder deren Versuch) dar. Derartige Unterlassungen sind ausdrücklich neben der Störung ausgesprochen in den §§ 88 III, 123, 170, 179, 329 (der einzige Fall der Pönalisierung der Nichterfüllung obligatorischer Verträge), und auch der noch in anderem Zusammenhang zu nennende § 316 II ist hierher zu rechnen, der zugleich die Nichterfüllung einer Handlungspflicht enthält.[1] Wie weit aus anderen ein reines Verbot enthaltenden Paragraphen ein Gebot zu entnehmen ist, interessiert uns hier nicht; nur erinnert sei an das Nichtaufklären, wie es beim Betrug, an das Nichtabliefern, wie es bei der (Fund-) Unterschlagung vorkommen kann.

III. Damit sind die Fälle erledigt, die dem ersten Blick die Möglichkeit richtiger Klassifizierung gewähren. Die jetzt zu besprechenden Handlungspflichten sind sämtlich an sich selbständig statuierte Handlungspflichten, die aber alle mehr oder weniger in Beziehung stehen zu Verbotspflichten, sich nicht unmittelbar aus ihnen ergeben, aber doch eine bevorstehende oder erfolgte verbotene Veränderung voraussetzen, Pflichten, die der „negativen Funktion" der Rechtsordnung dienen. Hier kann das Nichthandeln zum Bestandteil eines Kommissivdeliktes durch Unterlassung, das Zuwiderhandeln zur selbständig verpönten oder als Mittäterschaft (Teilnahme) verpönten „Handlung" werden.

[1] Aus dem öst. StGB. ist hierherzurechnen das absichtliche Unterlassen des bei der Geburt nötigen Beistandes des § 139; Glaser Abh. S. 477 will hier allerdings u. U. ein reines Omissivdelikt annehmen.

1. In den Fällen, wo ein Verbot zum Gebot wird, hat ein bestimmter Erfolg durch eine bestimmte Person einzutreten, damit nicht ein anderer Erfolg eintrete, mit dem diese Person in gewissem Zusammenhang steht; inwieweit dieser ein naturkausaler ist, bleibt hier dahingestellt. Die Kausalitätsfrage als solche berührt unsere Pflichtenbetrachtung nicht. Uns interessiert nur, daß in all den Fällen, wo die Kausalität in Frage steht, sicher immer auch eine Pflicht zum Handeln besteht und daß, wenn ein Erfolg durch Unterlassen eingetreten ist, in dem Delikt die Nichterfüllung dieser Pflicht enthalten ist. Als solche interessiert diese aber den Strafrichter nicht. Anders steht es nun, wenn neben der Verbotspflicht eine besondere (nicht bloß zur Handlungspflicht verdichtete) sondern selbständige Pflicht zur Vermeidung einer Störung statuiert ist. Hier kann es sich um eigene und fremde Störungen handeln, es kann der Zusammenhang zwischen dem Pflichtigen und dem störenden Etwas mehr oder minder groß sein. Wir können zwei rechtlich verschiedene Gruppen scheiden:

a) Der Allgemeinheit drohen ständig aus dem Einzeldasein, aus dessen Tätigkeit und Besitz, Gefahren, die sich zu wirklichen Störungen auswachsen können. Für diese kann dann der Betreffende wohl in der Regel straf- oder zivilrechtlich verantwortlich gemacht werden; aber dem verwaltenden Staat liegt weniger daran, daß er später zur Rechenschaft ziehen kann, als daran, daß es überhaupt gar nicht erst zu der Störung komme. Deshalb statuiert er von vornherein Handlungspflichten und bestraft ihre Unterlassung selbständig, ohne den Eintritt des störenden Erfolgs etwa erst abzuwarten. Hierher gehören die Pflichten der §§ 361^{8}, $366^{5,9}$, $367^{11,13}$, $368^{2,4}$. Ein diesen Pflichten entsprechendes Verhalten ist schon gefordert durch die allgemeinen Verbotspflichten, nur daß vielleicht in manchen dieser speziellen Handlungspflichten eine bestimmte Art von Vorbeugung und Verhinderung gefordert wird. Das Verbot der Brandstiftung involviert für den, der einmal Feuerstätten hält, das Gebot der Aufmerksamkeit, daß diese nicht, etwa durch Ansammlung von Ruß, eine feuergefährliche Lage schaffen. Die Unterlassung muß keineswegs die Störung unbedingt zur Folge haben, aus dem Unterlassen des Reinhaltens, aus dem Verrußenlassen muß nicht notwendig ein Brand entstehen, nicht einmal aus dem direkten Zuwiderhandeln. Wenn aber einmal die Unterlassung einen an sich verbotenen Erfolg bewirkt hat, dann geht das Nichthandeln im Stören einfach auf, bildet einen Bestandteil desselben. Nicht: weil die Pflicht zur Handlung bestand, ist der eingetretene störende Erfolg verursacht, sondern: weil die eingetretene Störung einen verbotenen Erfolg darstellt, bestand die Pflicht zu handeln.

Also: die Erfüllung solcher Handlungspflichten stellt ebensowenig unter allen Umständen Vermeidung eines verbotenen Erfolgs dar (so verhielte es sich bei den zu Handlungspflichten verdichteten Verbotspflichten), als ihre Nichterfüllung unter allen Umständen die Herbeiführung desselben darstellt. Wir haben es also hier mit juristisch selbständigen Handlungspflichten zu tun und charakterisieren ihre Nichterfüllung als echtes Unterlassungsdelikt, nur mit der wichtigen Einschränkung, daß sie ihr juristisches Sonderdasein verlieren, sobald durch die Unterlassung der volle, strafrechtlich verbotene Erfolg eingetreten ist, zu dessen Vermeidung die Pflichten gesetzt sind.

b) Diesen Pflichten sind diejenigen verwandt, deren Nichterfüllung pönalisiert ist in den §§239, 240 KO., 316 II, 322 StGB. Und doch haben sie strafrechtlich einen ganz anderen Charakter. Diese Pflichten bestehen nicht erst durch das StGB., und sie bestehen nicht ausschließlich zur Vermeidung verbotener Erfolge. Ihre Nichterfüllung als solche interessiert den Strafrichter nicht, andern Behörden liegt es ob, für ihre Erfüllung zu sorgen. Strafrechtlich wird ihre Nichterfüllung erst relevant, wenn diese ein Glied eines Begehungsdeliktes ist, wenn außer dem Zustand des Nichterfülltbabens ein anderer, strafrechtlich interessierender Zustand eingetreten ist, den die Unterlassung dolos oder kulpos bewirken sollte oder bewirkte oder zu dem sie beigetragen hat oder auch nur beitragen sollte. Hier handelt es sich für die strafrechtliche Betrachtung nicht um echte Unterlassungsdelikte. Die in der KO. pönalisierten Unterlassungen sind strafrechtlich nur interessant im Zusammenhang mit der Zahlungseinstellung, sie sind nicht charakterisiert durch ihren bloßen Unterlassungs-, sondern durch den in der Unterlassung liegenden Gefährdungscharakter, mag die Gefährdung dolos (§ 239) oder kulpos (§ 240) sein.[1] Das Nichtaufstellen des Feuerzeichens (§ 322 I StGB.) muß in der Absicht geschehen, ein Schiff zur Strandung zu bringen (daß das „vorsätzlich“ hier diesen Inhalt hat, ergibt sich außer der Erfolgspönalisierung des Abs. II auch aus dem Zusammenhang, in dem das Nichtaufstellen genannt ist), das bloße Nichtaufstellen, in keiner andern Absicht, als den Dienst nicht zu erfüllen, wird ja kaum vorkommen, ist aber nicht Gegenstand krimineller Bestrafung, noch weniger das bloße fahrlässige Nichtaufstellen. Und ebensowenig interessiert strafrechtlich das bloße Nichterfüllen eisenbahnbeamtlicher Pflichten, sondern die durch die Unterlassung bewirkte Gefährdung (§ 316 II).

Allerdings: ein Unterlassungsdelikt, die Nichterfüllung einer Pflicht, ist in diesen Begehungsdelikten stets enthalten. Die Pflicht ist sogar nötig, um den Betreffenden als Urheber oder wenigstens Miturheber verantwortlich machen zu können; nicht aber als solche wirkt die Pflicht kausierend, sondern die Statuierung der Pflicht, das Bewußtsein der Allgemeinheit, daß ein solcher Zustand des Verfplichtetseins existierte, wirkt kausierend: die Allgemeinheit nimmt Handlungen vor, die sie ohne dieses Bewußtsein nicht unter allen Umständen vorgenommen haben würde. Aber diese Eigenschaft der Nichterfüllung ist es eben gerade, und nicht die bloße Nichterfüllung, die den Strafgesetzgeber bestimmt, sie zu pönalisieren. Er pönalisiert sie in ihrer Eigenschaft als Mittel zu einem andern. Darum kommt auch das Zuwiderhandeln hier nicht als Qualifikation bloßen Nichthandelns, sondern als selbständige verbotene Störung in Betracht. Auf Grund dieser Erörterungen scheiden diese Unterlassungen aus der Betrachtung der strafrechtlich zu verfolgenden echten Unterlassungsdelikte für uns aus.[2]

---

[1] So auch v. Rohland, Gefahr S. 30, Binding L I S. 434, 438; entgegengesetzt Seligsohn S. 214.

[2] Auch in den Verwirklichungen rein kommissivischer Tatbestände können in concreto Nichterfüllungen irgendwelcher positiv gesetzter Handlungspflichten, die an sich gar nichts mit dem kommissivischen Tatbestand als solchem zu tun haben, enthalten sein. Es ist bekannt, daß eine Reihe Kausalitätstheoretiker (Landsberg, v. Bar, v. Buri, v. Liszt u. a.) diese

2. Die nun zu behandelnden Handlungspflichten haben mit den unter 1. besprochenen das gemein, daß auch sie eine Handlung befehlen, die nicht Selbstzweck, sondern Mittel zum Zweck der Vermeidung einer Störung ist, nur mit dem Unterschied, daß hier die Störung gedacht ist als ausgehend von einer dritten Person. Solche Handlungspflichten ergeben sich keineswegs aus dem Wesen der Verbotspflichten von selbst. Diese Gebote verlangen ein Handeln in bestimmter Richtung, um ein fremdes Handeln aus einer bestimmten Richtung abzudrängen, sei es unmittelbar, sei es mittelbar. Wenn hier der Pflichtige untätig geblieben ist und die Störung eingetreten ist, dann dürfen wir nicht schlechthin sagen: hätte er gehandelt, so wäre das und das nicht geschehen. Ein solch irrealer Satz kann mit Anspruch auf objektive Gewißheit nur dann ausgesprochen werden, wenn beides Geschehen, das irreale wie das faktische, zu denken ist als das Geschehen einer Person, als Tat desselben Willensträgers. Allenfalls hätten immer noch andere Eventualitäten eintreten können. Deshalb kann auch bei dieser Art von Handlungspflichten nie verlangt werden, daß der Pflichtige, um straffrei auszugehen, den bevorstehenden Erfolg wirklich habe verhindern müssen. Ist der Mensch unter Anspannung aller Kräfte gegen den Erfolg tätig gewesen, hat er getan, was er tun konnte, dann hat er erfüllt. Deshalb begnügt sich auch § 139 mit der bloßen Anzeige,[1] und auch die andern Abhaltungspflichten, z. B. §§ 285, 354 sind aufzufassen als Pflichten, die nicht zur wirklichen Verhinderung verpflichten, sondern zu einem Handeln mit dem Zweck des Verhinderns. Auch hier können wir wieder zwei Gruppen scheiden:

a) Eine Gruppe für sich bilden die Fälle, wo jemand direkt verpflichtet ist, einen andern von einem verbotenen Vorhaben abzuhalten, es kommen in Betracht die §§ 285, 354, 357, 361 IV[9], 365. Eine solche Pflicht ergibt sich auf Grund eines Verhältnisses von Vorgesetzten- (oder bloßer Beamten-), von Hausherrn- oder

---

Pflicht benötigen, um für den eingetretenen Erfolg verantwortlich zu machen, bzw. ihn dem Unterlassenden als von diesem verursacht zuzurechnen; vgl. die mannigfachen Beispiele bei v. Bar S. 96ff.

[1] Vgl. Binding, N. I. S. 123. — § 60 öst. StrGB. befiehlt ein Hindern im allgemeinen, läßt also die Wahl der Tätigkeit frei.

von elterlicher Gewalt. Darauf, ob diese Pflicht sich erst ergibt aus den einschlagenden strafgesetzlichen Bestimmungen oder schon den ein solches Gewaltverhältnis regelnden besonderen Rechtssätzen, kommt uns hier nichts an. Auf jeden Fall sagt der Strafgesetzgeber: Der Vorgesetzte hat gegen verbotene Vorhaben seiner Untergebenen vorzugehen, der Wirt gegen das Glücksspiel in seinem Lokal usw. Der Pflichtige darf nicht nur nicht beteiligt sein an dem verbotenen Tun, er hat sogar seine ganze Gewalt einzusetzen gegen dieses. Der Pflichtige kann sich zu diesen seinen Pflichten verschieden in Widerspruch setzen: er kann direkt zuwiderhandeln, indem er die, die er abhalten will, offen in ihrem Vorhaben bestärkt oder gar dazu anleitet; er kann sich begnügen mit einem Geschehenlassen, freilich so, daß die Betreffenden merken, daß er nichts gegen sie tun will; er kann schließlich sich mit dem bloßen Unterlassen begnügen, d. h. einem solchen, das keinerlei psychischen Einfluß auf die betreffenden hat. Wir müssen immer daran denken, daß hier der Handlungspflichtige eine gewisse Befehlsgewalt über die hat, die er abhalten soll, und daß das Bewußtsein dieser Tatsache in den Untergebenen ein nicht gering einzuschätzendes Moment in der großen Reihe der Motive bildet, die diese von einem Vorhaben abhalten oder dazu ermuntern. Ein Gewährenlassen, das den Betreffenden nicht verborgen bleibt, wird sich eben deshalb in deren Bewußtsein stets zu einem Billigen, oft sogar zu einem Aufmuntern verdichten, und dies wird auch meist die Absicht des Gewährenlassens sein. Deshalb wird es praktisch meist unmöglich sein, die Grenze zwischen einfachem und aufmunterndem Unterlassen zu ziehen, den Punkt festzustellen, wo die Unterlassung der Pflichterfüllung den Unterlassenden zu einem Subjekt der betreffenden verbotenen Handlung macht. Dieser Schwierigkeit ist auch der Gesetzgeber bewußt, er findet es deshalb angebracht, in den einzelnen Tatbeständen sich nicht mit einem Gebot oder Verbot zu begnügen, sondern verschiedene Tätigkeiten mit „oder“ aneinander zu reihen. Hier ist aber zu bemerken, daß ein „Gestatten“ schon mehr als ein bloßes Unterlassen enthält, daß also die bloße Unterlassung, wenn das Gestatten als die mildeste Form des Deliktes ausgesprochen ist, nicht Gegenstand strafrechtlicher Pönalisierung ist, aus welchem Grunde die §§ 285, 354 gleichfalls aus unserer Betrachtung ausscheiden.[1, 2]

Sobald also die Nichterfüllung zu irgend einer Form der Teilnahme sich auswächst, und das wird bei doloser Nichterfüllung meist der Fall sein, interessiert die Unterlassung als solche strafrechtlich nicht mehr, sie wird eine Art besonders pönalisierter Teilnahme. Strafrechtlich interessiert die Unterlassung als solche nur dann, wird nur dann strafrechtlich als echtes Unterlassungsdelikt behandelt, wenn sie wirklich nichts anderes enthält als eine, begrifflich annehmbare, praktisch aber kaum vorkommende Zuwiderhandlung gegen diese nach einer Seite hin, die keinerlei Teilnahme enthält. Es ist also unter Umständen in den genannten Paragraphen ein echtes, strafrechtlich als solches zu behandelndes Unterlassungsdelikt enthalten. Aber damit dieses auch wirklich gestraft werden könne, muß hinzukommen, daß ein Dritter wirklich das Delikt begangen hat, von dem ihn der Unterlassungsdelinquent abhalten sollte. Dieses Moment gibt solchen Delikten natürlich andern Charakter, als wenn die bloße folgenlose Nichterfüllung bestraft würde.

b) Ähnlich verhält es sich mit § 139.[3] Hier wird von dem, der Kunde von einem verbrecherischen Vorhaben erlangt hat, nur ein bestimmtes Tätigwerden gegen dasselbe gefordert: Anzeige. Die Pflicht setzt voraus verbrecherisches Vorhaben und Kenntnis davon, die Strafbarkeit der Unterlassung wirkliches Begehen. Im Gegensatz zu den Fällen unter a) läßt sich hier auch in concreto eine scharfe Grenze ziehen zwischen Teilnahme und Nichterfüllung. Auch hier ist ein Zuwiderhandeln möglich, und dieses

---

[1] Binding, L. I S. 410 faßt Gestatten nicht in diesem aktiven Sinne.

[2] Es braucht nicht darauf eingegangen zu werden, daß eine allgemeine Pflicht zur Abwendung verbotener Erfolge nicht besteht, und wann im übrigen solche Nichtabwendung als Kommission verantwortlich macht. Wer von Berufs wegen verpflichtet ist, andere von Verbrechen abzuhalten, wird in den meisten Fällen der Nichterfüllung zum mindesten akzessorischer Teilnehmer; er wird als solcher bestraft und ist zugleich Unterlassungsdelinquent. Vgl. v. Buri, Kausalität S. 99; GS. 1875, S. 26; GS. 1876, S. 179; Beil. z. GS. 1878, bes. S. 141. Binding, Grundriß S. 164.

[3] Vgl. § 13 Sprengstoffges. v. 9. VI. 1884; § 9 Ges. gegen den Verrat militär. Geheimnisse vom 3. VII. 1893; § 60 MStGB.

kann, muß aber nicht ein solches sein, daß der Zuwiderhandelnde zum Teilnehmer wird. Auch das bloße Nichthandeln, z. B. wenn vorher dem Täter zugesagt, kann Teilnahme darstellen. Die Strafe der unterlassenen Anzeige ist, wie treffend von Binding hervorgehoben wird, der der Begehung subsidiär. Das Delikt des § 139 verliert sein Sonderdasein, falls eine Form verbrecherischen Subjektes in Frage steht. (Aus diesem seinem Charakter folgert auch Binding mit Recht, daß es zur Strafbarkeit dolus verlangt.) Diese Einschränkungen zugestanden, haben wir es hier mit einem echten Unterlassungsdelikt zu tun, das auch den Strafrichter als solches interessiert. Aber gleich den unter a) behandelten Fällen muß, damit bestraft werden könne, das Delikt, zu dessen Verhinderung die Pflicht gesetzt war, wirklich begangen sein. Auf diese Tatsache werden wir im nächsten Paragraphen einzugehen haben.

3. Eine Sonderstellung nimmt das gegen die Notlast des § 360^{10} verstoßende echte Unterlassungsdelikt ein.[1] Teleologisch betrachtet, steht auch die Pflicht des § 360^{10} im Dienste der Vermeidung von Störungen. Rechtlich hat sie aber insofern ein ganz selbständiges Sonderdasein, als der Pflichtige in keinerlei anderer Beziehung zu der Störung als in einer gewissen räumlichen zu stehen braucht, und als die Störung keineswegs eine verbotene sein muß — ein Brand kann von Menschen wie von Naturgewalten entfesselt werden. Und doch wieder hat sie ihre Sonderheit, die sie den unter b) behandelten Fällen an die Seite stellt. Sie verlangt eine Tätigkeit im Hinblick auf ein anderes konkretes störendes Wirken. Ihr Inhalt ist nicht ein Positives in erster Linie, sondern ein Negatives, ein Beitragen zu einer Vernichtung, Ablenkung. Sie setzt eine andere wirkende Kraft voraus, gegen die vorgegangen werden soll. Deshalb ist ihre Nichterfüllung nicht nachzuholen, die Frist, in der gehandelt werden soll, ist keine willkürliche, von einem gewissen Punkt an nützt jeder Versuch zwangsweiser Realisierung nichts mehr, deshalb fällt die Behandlung ihrer Nichterfüllung mit gutem Grund unter die vergeltende Tätigkeit des Strafrichters.

---

[1] Vgl. das Ges. v. 27. XII. 1872 betr. die Verpflichtung deutscher Kauffahrteischiffe zur Mitnahme hilfsbedürftiger Seeleute.

4. Endlich verdient gleichfalls besondere Betrachtung das echte Unterlassungsdelikt des § 116. Gewiß ist der § 116 den unter a) behandelten Fällen verwandt. Das Verbot der §§ 113, 115 involviert das Gebot, den Weisungen des eine Menschenmenge zerstreuenden Schutzmanns Folge zu leisten. Und die Nichtbefolgung seiner Befehle verliert ihre selbständige Bedeutung, wenn es zum vollen Aufruhr gekommen ist. Und doch unterscheidet sich dieser Fall von den obigen Fällen. Dort handelt es sich um einen mehr oder minder langen Zustand, der einer Störung günstig ist, und bedingt ist nur durch die eigene Tätigkeit. Hier handelt es sich um eine vorübergehende Situation, die man keineswegs allein verursacht hat, und die in irgendeiner, schädlichen oder unschädlichen Weise vorübergeht, und damit ist auch die Pflicht nur transitorisch im engsten Sinne, d. h. ihre Permanenz erstreckt sich nicht nur bis zur Erfüllung, sondern auch die Nichterfüllung charakterisiert sich nur eine gewisse Zeit lang als beseitigungsfähiger Zustand — die Erfüllung kann nicht nachgeholt werden. Die Bedeutung dieses Unterschieds wird im nächsten Paragraph klarzustellen sein.

III. Die Einteilung der Handlungspflichten, bzw. ihrer Nichterfüllungen.

1. Strafrechtlich relevante Einteilungen.

§ 13.

Wir haben gesehen, in welch verschiedenem strafrechtlichen Zusammenhang Handlungspflichten, bzw. ihre Nichterfüllungen vorkommen:[1] Entweder: nicht das bloße Nichterfüllen der Handlungspflicht, sondern das Zuwiderhandeln wird pönalisiert. Oder: die bloße Nichterfüllung kommt zwar in Betracht, nicht aber als solche, sondern als unselbständiger Bestandteil eines wirklich geschehenen oder geplanten Begehungsdelikts. Oder endlich: die bloße Unterlassung ist pönalisiert. Mit dem letzteren beginnen wir.

[1] Es ist deshalb nicht ganz unberechtigt, wenn Beling S. 227 die Unmöglichkeit absoluter Teilung der strafgesetzlichen Tatbestände in omissivische und kommissivische behauptet.

I. 1. Die Pflicht zu handeln kann entstehen mit dem Auftreten irgend eines dritten, vom Willen des Pflichtigen wie des Befehlenden unabhängigen, außenweltlichen Vorgangs, Ereignisses, und der Inhalt des Gebots ist dann irgendwelches kausales Einwirken auf dieses Ereignis, sei es eine Hinderung, sei es eine Förderung.[1] Das Entstehen und das Fortbestehen der Pflicht ist abhängig von diesem Ereignis, sie dauert, solange ein Einwirken möglich ist, sie vergeht, sobald der Vorgang sich ausgewirkt hat bzw. beseitigt ist. Wenn die gemeine Not einmal vorbei ist, mit oder ohne schädliche Wirkungen, kann nicht mehr gegen sie Hilfe geleistet werden. Wenn diejenigen, die von einem Verbrechen abzuhalten waren, dieses Verbrechen begangen haben, können sie nicht mehr abgehalten werden. Die Pflicht erlischt hier mit der Unterlassung, ein Nachholen ist nicht nur nicht gefordert, sondern sogar unmöglich. Es ist etwas geschehen, auf das eingewirkt werden sollte: dieses Geschehen läßt sich nicht ungeschehen machen und folglich das Einwirken auf dasselbe nicht nachholen. Um ein Nichtnachholbares handelt es sich auch im Falle des § 116, auf dessen Sonderstellung schon hingewiesen wurde. Auch hier kann man nur sofort erfüllen, nachdem man zum Handeln, d. i. zum Sichentfernen aufgefordert worden ist. Die Situation und die Erfüllungsfrist ist keine willkürlich gesetzte. Die Situation geht selbständig vorüber; man kann sich wohl, wenn man allein stehen geblieben, hinterher entschließen sich zu entfernen, dann handelt es sich aber nicht mehr um ein Sichentfernen aus einer versammelten Menschenmenge, die Situation, in der dem Gesetz an Erfüllung lag, ist vorbei. Der Fall des § 116 liegt nur insofern besonders, als bei ihm das Moment der Einwirkung und zwar der Einwirkung auf einen fremden Vorgang zurücktritt und man vielmehr eine selbstgesetzte Bedingung vernichten soll. Mag man auch schuldlos unter die Menge geraten sein, so stellt doch schon die eigene Anwesenheit eine Bedingung des Begriffes „versammelte Menschenmenge“ dar; insofern steckt im Stehenbleiben ein fast

[1] Auch KOLLMANN S. 175 scheidet „das mit einem Erfolg in Beziehung und das nicht in Beziehung gesetzte Unterlassen“. Über seine Konsequenzen aber vgl. § 15 d. D.

gleich großes Begehungsmoment, ohne daß es aber zu einer wirklichen Störung gekommen ist.

Es kann aber auch die Pflicht gesetzt werden ohne Zusammenhang mit dritten Vorgängen; willkürlich bestimmt der Gesetzgeber, wann gehandelt werden soll, wie lange die Pflicht bestehen soll. Ein Nichterfüllen innerhalb der Pflicht manifestiert den Ungehorsam des Pflichtigen, und das ist alles. Es ist nicht mittlerweile etwas rechtlich Relevantes geschehen, was nicht ungeschehen gemacht werden könnte. Die Pflicht besteht weiter mit der Unterlassung, ihre Erfüllung nach verstrichener Frist charakterisiert sich objektiv wie die rechtzeitige.

2. Beide Arten von Nichterfüllungen bilden den Gegenstand strafbarer Tatbestände; in beiden Fällen kann die Strafe die Reaktion gegen das schuldhafte Unrecht sein. Jedoch finden wir einen wesentlichen Unterschied:[1] Wo mit der Nichterfüllung auch zugleich das Verpflichtetsein aufhört, wo nicht nachgeholt werden kann, ist die Vergeltungsstrafe die einzig mögliche Reaktion der Rechtsordnung, in den Fällen der Nachholungsmöglichkeit ist sie eine Art der Reaktion neben anderen.

a) Im letzteren Falle kann die Strafe echte (Vergeltungs-) Strafe oder auch unechte, sog. Ungehorsams-, Zwangs-, Erfüllungs-, Vollstreckungsstrafe sein.[2] Ersterer Art sind die Strafen für Nichterscheinen und Aussageverweigerung der Zeugen. Letzterer Art dagegen ist die Beugehaft; sie ist ein Mittel, den widerstrebenden Willen zu brechen, wie es in andern Fällen andere Mittel gibt: man denke z. B. an die Mittel, die dem Staat zur Verfügung stehen, um jemanden zur Annahme eines Ehrenamtes zu zwingen;[3] man denke aber vor allem an die dem Staat in den meisten Fällen

---

[1] Diese Unterscheidung beruht aber auf anderen Gründen als die bei Meyer S. 192 in eigentliche echte Unterlassungen und nur mit Ordnungsstrafen bedrohte echte Unterlassungen, und als die Bierlings III S. 29 in Unterlassungen eines inhaltlich bestimmten Tuns und Nichtverhinderungen gewisser (fremder) Erfolge. Tatsächlich werden sie sich allerdings oft decken.

[2] Bez. der Unterscheidung von Vergeltungs- und Ungehorsamsstrafe: Otto Mayer I S. 328ff.

[3] Otto Mayer II S. 210.

neben der Zwangs-(Zweck-)Strafe zur Verfügung stehenden Mittel der Gewaltanwendung und Zwangsersatzvornahme. Diese sind bei der Nichterfüllung der Zeugenpflicht eben nur untaugliche Mittel.

Wir finden die Strafe auch sonst als reine Vergeltungsstrafe.[1] Im Falle des § 320[1] SGB. wird gestraft, weil der Verurteilte nicht entfernt wurde, nicht, damit er entfernt werde. Das Entfernen wird dann über den Willen des Unterlassenden hinweg nachgeholt, auf seinen Willen soll durch die verhängte Strafe keineswegs eingewirkt werden. Wir finden weitere solche Fälle im Militärrecht, auf das aber hier nicht einzugehen ist. Gewöhnlich aber wird sich mit der Strafe der Zweck, die Nachholung zu erzwingen, verbinden. So vor allem auch bei den Unterlassungen im Finanzrecht und den polizeilichen Unterlassungen, wo der Inhalt der Handlungspflicht letzten Endes ein Negatives: die Beseitigung drohender oder vorhandener Störung ist. Ein solcher Zustand ist verboten, und die besonders ausgesprochene befristete Pflicht der Beseitigung ist an sich keine selbständige Handlungspflicht: die Unterlassung verliert ihr juristisches Sonderdasein, wenn aus ihr ein Begehungsdelikt geworden ist. Aber eben weil der gewöhnliche Mensch sich dieses Zusammenhangs mit der übergeordneten Verbotspflicht und dieser Art von Rechtswidrigkeit oft nicht bewußt sein wird, unter Umständen auch nicht bewußt sein kann, ist eine Frist zu ihrer Beseitigung gegeben, die insofern keine ganz willkürliche darstellt, als die Nichterfüllung ein Weiterwirken der gefährlichen Lage zur Folge hat, die nachgeholte Beseitigung darum mehr enthalten muß als die rechtzeitige. Sind solche Unterlassungen im StGB. oder einem sonstigen Rechtssatz pönalisiert, so muß die Strafe verhängt werden, mag auch nach verstrichener Frist die Handlung nachgeholt sein. Anderseits darf die nämliche Unterlassung nicht ein zweites Mal gestraft werden. Die Strafe ist echte Strafe, freilich liegt in ihr auch ein auf die Zukunft gerichteter Zweck.[2] Befiehlt dagegen die Polizei

[1] Vgl. die Fälle aus dem mittelalterlichen Recht bei SCHWALBACH S. 547.

[2] „Als Strafe, die auf Polizeiwidrigkeit gesetzt ist, um einzuschärfen, daß sie nicht sein soll": OTTO MAYER I S. 306; „verschärfte Drohung für künftige Ungebühr": BINDING, N. I S. 425.

in einem Einzelfall eine Handlung und rüstet sie, was in ihrem Ermessen steht, den Befehl mit dem Zwangsmittel der Androhung einer Ungehorsamsstrafe aus, so darf sie einerseits auch bei vorliegendem Ungehorsam diese nicht verhängen, wenn ihr Zweck als Zwangsmittel entfällt. Sie hat aber anderseits freie Entscheidung darüber, ob sie über den Ungehorsamen die angedrohte Strafe wirklich verhängen will, und darüber, ob sie nach Verhängung dies Zwangsmittel bis zur zulässigen Höchstgrenze fortsetzen will.[1] Die sich aus diesem Zustand ergebenden Kontroversen und Mißdeutungen des Strafrechts, mögen diese nun in der Herabminderung der Bedeutung der Rechtsstrafe oder in einer unnatürlichen Qualifizierung dieser Unterlassungen liegen, sind bekannt.

b) Wenn dagegen mit der Unterlassung auch der Zustand des Verpflichtetseins vorüber ist, kann der Staat nichts anderes mehr tun als strafen im eigentlichsten Sinne des Wortes. Die Erfüllung ist bedeutungslos geworden und damit aller ihr dienender Zwang. Will der Staat überhaupt reagieren, so kann er nur so reagieren, wie er gegen Geschehenes, das ja nicht mehr ungeschehen gemacht werden kann, reagiert. Die Strafe, die über den verhängt wird, der das Verbrechen eines Dritten vor dessen Begehung nicht anzeigte, hat rechtlich keine andere Bedeutung und keinen andern Zweck als die Strafe für Diebstahl oder Beleidigung: sie will juristisch nichts anderes sein als Strafe und ist die einzig mögliche Reaktion gegen das Verhalten als solches. Darum auch stellt ein solches Unterlassungsdelikt ein Delikt im eigentlichsten, strafrechtlichen Sinne des Wortes Delikt dar, während die unter a) behandelten Unterlassungsdelikte, wo die Vergeltungsstrafe nur eine (weniger häufige) Art der Reaktion neben andern darstellt, den speziellen Verwaltungsdelikten zuzuzählen sind, mag sich auch das positive StGB. zum Teil gegen diese Anschauung erklärt haben. Anderseits ist es aber ebenso bedenklich — wie es vor allem v. Liszt und Goldschmidt[2] tun — alles Unterlassungsunrecht aus dem Bereich des kriminellen Unrechts zu verweisen.

[1] Zum Ganzen vgl. Otto Mayer I S. 328—336.

[2] S. 344 a[28].

II. Bei der zweiten Gruppe von Fällen handelt es sich auch um bloße Nichterfüllung. Und obwohl es sich auch hier um Nichtnachholbares handelt, wird solche Unterlassung als solche trotzdem nicht pönalisiert, aber nur deshalb nicht, weil strafrechtlich ein Mehr in Betracht kommt, weil nämlich ein gewolltes oder positiv eingetretenes Geschehen bestraft wird, das in der bloßen Unterlassung ein gewolltes oder wirkliches Mittel hat. Die Handlungspflicht ist nicht erst durch das StGB. statuiert, ihre bloße, folgenlose Nichterfüllung interessiert den Strafrichter nicht; gegen die bloße Nichterfüllung von Berufspflichten — denn um solche handelt es sich hier — zu reagieren überläßt er der (korrektiven oder epurativen) Disziplinarstrafgewalt. Das StGB. befaßt sich mit ihnen, soweit sie Bestandteile eines gewollten oder wirklich begangenen Kommissivdelikts sind.

III. Die besondere Pönalisierung der Zuwiderhandlung hat ihren natürlichen Grund. Ein Zuwiderhandeln unterscheidet sich in nichts von einem selbständigen Begehen; es kann nicht ungeschehen gemacht werden, seine Wirkungen in die Außenwelt sind einmal da. Und wie für die Bestrafung des Diebstahls es völlig irrelevant ist, ob das Gestohlene dem Eigentümer wieder zugestellt werden kann oder nicht, so spielt es beim Bestrafen des Zuwiderhandelns auch keine Rolle, ob es sich um Nichtnachholbares oder Nachholbares handelt und ob letzteren Falles durch das Zuwiderhandeln das Nachholen unmöglich gemacht worden ist oder nicht. Betrügerisches Zuwiderhandeln gegen die Steuerpflicht führt zur echten (wenn auch durch Sonderrecht geregelten) Bestrafung, nebenher bleibt die Pflicht zur Leistung bestehen und mit ihr die staatlichen Mittel psychologischen und physischen Zwangs. Der Versuch der Militäruntauglichmachung führt zur echten Bestrafung, nebenher bleibt — falls nicht völlige Militäruntauglichkeit gelungen ist — die Pflicht zum Heeresdienst bestehen und mit ihr die staatlichen Mittel der Durchführung.

Wir haben somit eine Einteilung erhalten, die, auf rechtlichen Gesichtspunkten beruhend, rechtliche Verschiedenheiten aufgewiesen haben dürfte:

Bezüglich der Nichterfüllung haben wir geschieden zwischen

Zuwiderhandeln und Nicht-(anders-)handeln. Das letztere stellt dar das eigentliche „Unterlassungs"delikt.

Bez. des zeitlichen Charakters der Handlungspflichten haben wir geschieden zwischen solchen, die mit der Unterlassung fortbestehen, und solchen, die nicht fortbestehen. Gegen letztere ist die Rechtsstrafe die einzig mögliche Art der Reaktion.

Auf diese Einteilungen werden wir auch wieder treffen, wenn wir die spezifisch strafrechtlichen Konsequenzen aus dem Begriff ziehen werden.

2. Andere Einteilungen.

§ 12.

Die große Reihe der Handlungspflichten läßt sich noch nach anderen rechtlich relevanten Gesichtspunkten gruppieren.

I. Die vorliegende Arbeit selbst hat in ihren allgemeinen Erörterungen solche Gesichtspunkte festgestellt, nach denen sich eine Einteilung der Handlungspflichten ergibt in periodische und einmalige, allgemeine und besondere. Wichtiger aber sind andere Einteilungen: die in Handlungspflichten, die nur durch eigenes Tun, und in solche, die auch durch Dritte erfüllt werden können, ferner die mit der eben genannten Einteilung sich teilweise deckende Einteilung in solche, deren Inhalt durch unmittelbaren Zwang erreicht werden kann, und solche, wo dieser Zwang versagt. Wir müssen uns damit begnügen, hier und früher auf diese Gruppierung hingewiesen zu haben; Konsequenzen aus ihr zu ziehen ist Sache allgemeinrechtlicher und verwaltungsrechtlicher Betrachtung.[1]

II. Bezüglich des Maßes geforderter Tätigkeit haben wir schon früher geschieden zwischen Erfolgs- und Tätigkeitsbefehlen. Die Grenzen dieser Einteilung verschwimmen aber, sobald es sich um Erfolgsbefehle „mit gesetzlich geschlossenen Mitteln"[2] handelt. Von Bedeutung ist diese Einteilung für die Feststellung der Vollendung der Erfüllung der Pflicht. Sie berührt sich teil-

---

[1] Vgl. auch v. Rohlands Einteilung (int. StrR 71ff.) nach Intensität des Pflichtenverhältnisses. — Eine Zweckeinteilung findet sich bei Berner S. 161 a[1].

[2] Binding.

weise mit der von ROHLAND-BINDING'schen Einteilung. Auf diese letztere ist hier noch einzugehen.

1. v. ROHLAND[1] hat, angeregt durch die BINDINGsche Einteilung der Verbote in Verletzungsverbote, Gefährdungsverbote, Verbote schlechthin, die Gebote eingeteilt in Bewirkungsgebote, Beförderungsgebote, Gebote schlechthin, und BINDING hat dann seinerseits wiederum diese Einteilung übernommen.[2] Die Bewirkungsgebote befehlen einen günstigen Erfolg (Leistung der Heeres- und Steuerpflicht, Entfernung bei Auflauf); die Beförderungsgebote befehlen Handlungen, die den Eintritt eines günstigen Erfolges befördern (Aufnahme havarierender Seeleute, Verbrechensanzeige); die Gebote schlechthin befehlen Handlungen, die sich regelmäßig als Bedingungen eines günstigen Erfolgs darstellen (Reinlichkeitsvorschriften). Bei BINDING aber werden nun zugleich die echten Unterlassungsdelikte nach dem ihm eigenen Deliktsbegriff orientiert, und daraus ergibt sich weiterhin, daß die Nichterfüllung aller drei Arten von Geboten unter allen Umständen nur ein Formaldelikt darstellen kann.[3]

2. Was ist zu dieser Einteilung zu sagen?

a) Die Wahl der Beispiele zeigt, daß hier juristischer und sozialer Zweck verwechselt wird. Juristisch betrachtet ist ein Bewirkungsgebot das Gebot der Aufnahme havarierender Seeleute und der Verbrechensanzeige nicht weniger als das der Entfernung bei Auflauf. Die Aussicht auf die wirkliche Verhinderung des Verbrechens, auf endgültige Rettung eines Menschenlebens ist juristisch nur ein Motiv: In der Pflicht zur Verbrechensanzeige liegt keine Förderung, sondern Bewirkung: Bewirkung des Erfolgs: „Anzeige“. Die durch diesen Erfolg etwa eingetretene Förderung anderer Erfolge liegt außerhalb juristischer Wesentlichkeiten. — Eine konsequent durchgeführte Betrachtung unter dem Gesichtspunkte sozialer Zwecke müßte sogar noch anders scheiden: sie müßte das Gebot der Entfernung bei Auflauf ganz aus den Bewirkungsgeboten „günstiger Erfolge“ verweisen, und von den Förderungsgeboten müßte sie wiederum die Verhinderungsgebote

[1] Int. StrR. S. 50ff.

[2] N. I S. 123ff.

[3] N. I S. 412.

abtrennen: sozial betrachtet stellt die Entfernung bei Auflauf nicht die Bewirkung eines günstigen, sondern die Vermeidung eines ungünstigen Erfolgs dar, und eine wertende Betrachtung braucht nicht schon die Erhaltung eines Gleichgewichts als günstigen Erfolg aufzufassen.

b) BINDING verweist alle Unterlassungsdelikte in das Bereich der Formaldelikte, die nichts enthalten als eine Verletzung des staatlichen Rechtes auf Botmäßigkeit, während das materiell-formelle Delikt zugleich einen Angriff auf ein subjektives Recht enthalte. Das Recht auf Botmäßigkeit äußert sich das eine Mal darin, daß es etwas zum subjektiven Recht erhebt und den Angriff darauf verbietet, das andere Mal, daß es subjektive Forderungsrechte des Staates begründet, deren Erfüllen gebietet und deren Angriff verbietet. Der bloßen Nichterfüllung eignet weder Angriff noch Verletzung,[1] die Zuwiderhandlung aber enthält materielle Elemente wie die selbständigen Kommissivdelikte.

Überdies scheinen die BINDING'schen Behauptungen sich nicht ganz miteinander zu vertragen: man kann doch nicht davon reden, daß die Gebote „analog" den Verboten sich teilen lassen, wenn man zugleich behauptet, sämtliche Gebote bildeten mit den Verboten schlechthin zusammen das sogenannte Formalunrecht: man stellt so das eine Mal alle Gebote allen Verboten gegenüber, das andere Mal alle Gebote nur bestimmten Verboten.

c) BINDING selbst hat aus seiner Einteilung keine Konsequenzen gezogen, ja, er ersetzt sie sogar, wo er daran geht, strafrechtliche Folgerungen aus dem Begriff des Omissivdeliktes zu ziehen, durch eine andere, z. B. beim Verjährungsbeginn.[2]

3. Wir halten folgende, an v. ROHLAND-BINDING sich anlehnende Einteilung für in sich konsequent: Es kann ein bestimmter Erfolg geboten sein; es kann eine Tätigkeit geboten sein, die, unter anderen Tätigkeiten herausgegriffen, zu einem bestimmten Erfolge führt; es kann schließlich eine Tätigkeit geboten sein, die einen bestimmten Erfolg herbeizuführen bzw. zu verhindern hilft. Ent-

[1] Darin stimmen alle Schriftsteller überein, daß die Strafe für die bloße Nichterfüllung eben nur den Ungehorsam bestraft, der als solcher keinen verletzenden Angriff enthält. Ungenau v. LISZT S. 115 i. V. mit S. 132 a[2].

[2] Hdbch. S. 841.

fernung bei Auflauf, Leistung der Heerespflicht, Verbrechensanzeige enthalten positive Erfolge; Straße kehren, Ofen fegen sind Tätigkeiten, die einen ganz bestimmten Erfolg, eben nur durch genau vorgeschriebene Mittel, herbeiführen; Hilfeleisten ist eine Tätigkeit, die verlangt wird ohne Rücksicht darauf, ob sie auch wirklich erfolgreich ist. Dies ist eine Einteilung auf Grund des Maßes rechtlicher Anforderung, unser Gesetz kennt alle drei Arten solcher Gebote. Aber auch dieser Verschiedenheit der Gebote entspricht kaum eine Verschiedenheit in der Behandlung der Delikte; andere Einteilungen sind wesentlicher.[1]

Dritter Abschnitt.

Die strafrechtlichen Folgerungen.

I. Die Unterlassung.

1. Einleitendes.

§ 13.

I. Die strafrechtlichen Folgerungen aus dem Wesen der echten Unterlassungsdelikte ziehen, heißt festzustellen, inwieweit diese eine Anwendung des Allgemeinen Teils des StGB. zulassen, inwieweit sie eine andere Behandlung heischen als die Begehungsdelikte. Ist ein Versuch denkbar? Kann eine Mehrheit verbrecherischen Subjektes vorhanden sein? Wann und wo ist das Delikt begangen? Wann beginnt die Verjährung? Alle diese Fragen hat bekanntlich die Wissenschaft nicht einhellig beantwortet.

In jedem Gebot ist das Verbot irgendwelcher Zuwiderhandlung enthalten, der Nichterfüllende kann also entweder einfach

[1] Auch FINGER, öst. StrR. S. 162 schließt sich der BINDINGschen Einteilung an, unterscheidet aber praktisch auch nur Bewirkungs- und Tätigkeitsgebote, indem er zu den ersteren auch die Tätigkeitsgebote zählt, deren Erfüllung einen bestimmten Erfolg in sich schließt. Auch er zieht aber keine Konsequenzen.

unterlassen oder zuwiderhandeln. Diese zwei Tatbestände sind im folgenden stets zu scheiden,[1] denn die strafrechtlichen Folgerungen sind für beide verschieden.

Nun ist von den in der Einleitung als möglich angegebenen Wegen bisher nur der eine beschritten worden: im Mittelpunkt des Bisherigen stand Befehl und Pflicht; das Verhältnis des Untertan wurde untersucht im Verhältnis zu diesen beiden. Damit ist das Wesen der Unterlassung als solcher noch nicht klargestellt, die Frage, ob sie real oder irreal, noch nicht beantwortet. Das logische Wesen der Unterlassung und die strafrechtlichen Folgerungen hängen derartig zusammen, daß es sich empfiehlt, beide in einem Abschnitt, jener aber zuvörderst, zu behandeln.

II. Während des ganzen 19. Jahrhunderts hat sich Erkenntnistheorie und Strafrechtswissenschaft mit diesem Problem befaßt: Stuart Mill, Schopenhauer, Sigwart — die lange Reihe strafrechtlicher Theorien ist bekannt. Hauptzweck dabei war, wie schon oben bemerkt, den Kausalnexus bei den sog. Kommissivdelikten durch Unterlassung nachzuweisen. Dabei haben sich nicht nur die Ergebnisse, sondern auch die Fragestellung im Laufe der Zeiten geändert: Wo liegt das Handlungsmoment in der scheinbaren Unterlassung verborgen — Luden, Merkel, Binding, v. Buri. Kann das Unterlassen als solches verursachen — v. Rohland, Landsberg. Ist das Unterlassen ein reales Phänomen — Radbruch, Kollmann.

1. Diese letztere Frage ist eigentlich die Grundfrage. Sie wurde bereits von Binding verneint. Aber weil die Neueren auch die erste, von Binding bejahte Frage verneinen, sind ihre Ergebnisse von denen Bindings so wesentlich verschieden.

2. Die Frage, ob das Unterlassen verursachen kann, ist für eine Arbeit über das echte Unterlassungsdelikt unwesentlich. Auch auf die erste Frage wäre an sich nicht einzugehen, wenn nicht Binding als einziger in der bloßen Unterlassung der Gebotserfüllung ein Handlungsmoment annähme, während die andern

---

[1] Dies tun die meisten Schriftsteller, zum Nachteil der Lösung des Problems, nicht. Auch Finger, der das dem Gebot involvierende Verbot anerkennt (L. S. 109), zieht aus dieser wichtigen Merkelschen Erkenntnis keine Konsequenzen.

eine Tatseite sensu stricto leugnen: Das Delikt sei gegeben mit dem Nichteintritt des vorgestellten Erfolges,[1] mit der Nichtvornahme des verlangten Tuns.[2]

3. Und warum müssen wir auf die dritte Frage eingehen? Können wir uns nicht damit begnügen, das Unterlassen als Nichttun hinzustellen?

a) StGB. § 1 bedroht nur „Handlungen" mit Strafe. Sind in diese die Unterlassungen eingeschlossen?[3] Ist die „Handlung" des StGB. gleichbedeutend mit „Verhalten"?[4] Die meisten Strafrechtler pflegen in ihren Verbrechensdefinitionen ersteres durch letzteres zu ersetzen oder doch wenigstens Handlung zu präzisieren, indem sie „Handlung i. e. Sinn" oder „Unterlassung" beifügen.[5] Frühere Kodifikationen, z. B. öst. StGB. § 1, nennen die Unterlassung neben der Handlung;[6] die konsequente Durchführung dieses Brauchs führt aber zugleich zu einer theoretischen Stellungnahme des Gesetzes: es behauptet mit dem Nichtnennen der Unterlassung in der Begriffsentwicklung des Versuchs, öst. StGB. § 8, die Unmöglichkeit eines solchen beim echten Unterlassungsdelikt.

Bindings Konstruktion verlangt keine solche Erweiterung des Handlungsbegriffs. Radbruch und Kollmann widersetzen sich direkt einer solchen, indem sie das Verhalten im besondern wie überhaupt die Möglichkeit eines Tun und Unterlassen umfassenden Handlungsbegriffs bestreiten. Radbruch zieht die Konsequenz, auf jede „Handlung" bei allen echten und unechten Unterlassungsdelikten zu verzichten; Kollmann findet den symptomatischen Verbrechensbegriff bestätigt: Verbrechen nicht gleich Handlung, sondern Schulderkenntnismittel.

---

[1] v. Liszt S. 132 a[2].

[2] Z. B. Krug S. 22, Köstlin S. 211, Schwarze S. 45, Schwalbach S. 608.

[3] So schlechthin Schwarze S. 45.

[4] Vgl. hierzu die schon mehrfach zitierte Schrift Radbruchs.

[5] Z. B. v. Liszt S. 115 a[1]; Beling S. 17: die Handlung ist zu bejahen, wenn irgend ein vom menschlichen Willen getragenes Verhalten vorliegt; v. Rohland, Kausalität S. 44: Handlung ist jede Willensäußerung; Berner S. 161 redet von negativen Handlungen und negativem Willen.

[6] Vgl. Glaser, Abh. S. 406.

b) Nun unterliegt es wohl keinem Zweifel, daß der allgemeine Teil des StGB. vor allem das Begehungsverbrechen vor Augen hat. Dieses bildet ja den eigentlichen Inhalt des StGB. Das Verletzen, Angreifen interessiert strafrechtliche Betrachtung mehr als das Nichterfüllen, Unterlassen, zumal wenn die Säumnis nachgeholt werden kann. „Verbrechen" wird ihr immer nur das sein und sein können, was sich als ein aktives verletzendes Auflehnen gegen die Rechtsordnung darstellt. Das Nichtgeschehene, das aber geschehen sollte, verlangt nur dann Strafe als einzig mögliche Reaktion, wenn eine Nachholung unmöglich geworden ist.

Selbstverständlich ist es dem Gesetzgeber völlig anheimgegeben, auch die nachholbare Nichterfüllung strafrechtlich zu pönalisieren, d. h. den in ihr zutage getretenen Ungehorsam. Dieser ist das einzige Moment, das die nachholbare, nicht geschehene Erfüllung sowohl mit der nicht nachholbaren als mit dem Begehungsdelikt gemein hat. Die nicht nachholbare, nicht geschehene Erfüllung steht dem Begehungsdelikt viel näher als die nachholbare, einmal weil sie eben ganz der Vergangenheit angehört, sodann weil sie in den meisten Fällen mehr zum Inhalt haben wird als bloßen Ungehorsam: wer verpflichtet ist, gegen einen der Rechtsordnung unsympathischen Erfolg zu wirken, wird, wenn er nicht erfüllt, in den meisten Fällen nicht aus Trägheit, Furcht und ähnlichem untätig bleiben, Grund der Unterlassung wird vielmehr sein eine gewisse Freude an der Störung und die Absicht, diese Störung sich auswirken zu lassen.

Aus diesem Grunde werden sich die nicht geschehenen, nachholbaren Erfüllungen auch bezüglich Zeit und Ort der Begehung viel leichter nach dem allgemeinen Teil des StGB. orientieren lassen als die nachholbaren.

Die weitaus größere Gruppe der Nichterfüllungen aber wird von den nachholbaren gebildet. Der Gesetzgeber kann auch sie strafrechtlich behandelt wissen wollen, eine solche Behandlung wird ihm aber immer das Nebensächlichere sein. Soweit es sich um willkürlich befristete Handlungspflichten handelt, kommt es dem Staat vielmehr darauf an, daß, nachdem nicht innerhalb der Frist erfüllt wurde, nun noch nachträglich erfüllt werde, als daß die einmalige (dolose oder kulpose) Säumnis geahndet werde.

Die strafrechtliche Behandlung solcher Unterlassungen hat gewissermaßen eine ähnliche Stellung wie die zivilrechtliche Behandlung strafbarer Begehungen.

Den Strafrichter interessiert nur die schuldhafte Handlung. Ist die Tat im Zwang oder im Irrtum begangen, so reagiert der Staat in keiner Weise gegen sie. Und ferner interessiert ihn nicht eine verletzende Tat, die, regelmäßig normwidrig, ausnahmsweise — etwa durch Notwehr — berechtigt war. Solche Handlungen haben keine strafrechtlichen und im allgemeinen auch keine andern, etwa zivilrechtlichen Folgen, eine Haftung ohne Verschulden ist immer nur Ausnahme. Ganz anders bei den Nichterfüllungen: eine gezwungene oder irrtümliche Nichterfüllung macht zwar straffrei. Aber sie entbehrt nur dann aller rechtlichen Folgen, wenn nicht nachträglich erfüllt werden kann (und das ist ja nur selten der Fall). Die Schuldlosigkeit und das ausnahmsweise Berechtigtsein entzieht die Nichterfüllung eben nur der strafrechtlichen Behandlung, die Pflicht harrt aber immer noch ihrer Erfüllung. Der Erfüllungszwang hat hier die größere Bedeutung vor dem Strafzwang, und darum darf man sagen: die Behandlung der nichterfüllten Pflicht ist mehr Sache des Verwaltungsrechts als des Strafrechts. Untersucht man sie strafrechtlich, so untersucht man — abgesehen von den Fällen, wo eben die strafrechtliche Behandlung das einzig Mögliche ist — ihren Deliktscharakter, man orientiert die Behandlung der Unterlassung nach ihrer Normwidrigkeit.

c) Die Frage ist nun: fällt das echte Unterlassungsdelikt unter die „Handlungen" des §1 StGB. Hat es eine reale, positiv bestimmte, der Willensseite entsprechende Tatseite? Ist das Unterlassen real? Wir suchen die Antwort durch Würdigung der Ansichten Bindings und Kollmanns. Beide stellen in gewisser Weise die Gegenpole der Auffassung dar, und doch wird sich unsere Antwort auf beide aufbauen.

2. Die Theorie Bindings.

§ 14.

Mit klaren Worten spricht Binding aus, daß in den Geboten Verbote der Zuwiderhandlung enthalten sind.[1] Vielleicht hat ihn

[1] N. I. S. 111; II. S. 453.

diese Tatsache dazu verleitet zu behaupten, in jeder gewollten Unterlassung stecke ein Handlungsmoment. Wie schon bemerkt, begnügen sich die meisten Schriftsteller mit der einfachen Bestreitung dieser Behauptung: das Delikt sei gegeben mit einem bestimmten Nichtgeschehen; ob statt dessen etwas anderes oder nichts gewollt geschehen sei, sei gleichgültig.

I. BINDING ist zu seiner Annahme über LUDENS „Andershandeln" und MERKELS „positive Akte in der Omission" gekommen. Er argumentiert kurz so:[1]

1. Macht man bei der gewollten Unterlassung das Nichtstun zur Tatseite des Verbrechens, so leugnet man damit den Deliktscharakter oder ist zum mindesten genötigt, den sogenannten widerrechtlichen Entschluß als solchen als genügenden Deliktstatbestand anzuerkennen. Diejenige Unterlassung hat keine Tatseite, der weder eine Vorstellung vom Handeln und Unterlassen noch ein irgendwie darauf bezüglicher Wille zugrunde liegt: es ist keinerlei Wille vorhanden, der durch die Unterlassung verwirklicht werden könnte.[2]

2. Der Wille verursacht nun entweder den Eintritt oder den Nichteintritt einer Veränderung.[3] Letzterenfalls kann diese Verhinderung eine absolute Verhinderung sein oder Verhinderung einer bestimmten, die Veränderung herbeiführenden Handlung des betreffenden Subjekts selbst oder eines Dritten. Man hindert sich selbst, indem man sich selbst hindert, Bedingungen für die Veränderung zu setzen, und dies kann man keineswegs durch reine Untätigkeit. „Jeder Hinderungswille muß sich dadurch realisieren, daß er vom Erfolg abhaltende Bedingungen von genügender Kraft setzt. Und dies geschieht auch in jedem Falle, wo scheinbar durch Unterlassung der Nichteintritt einer Veränderung bewirkt wird."[4] Man nimmt andere, an sich oft gar nicht zur Sache gehörige Handlungen vor, die einen an der Vornahme der gebotenen Handlung verhindern: Schlafen, Jagen, Abhalten von Gesellschaften.

---

[1] N. II. S. 447ff.; an ihn anschließend v. ROHLAND, int. StrR. S. 69.

[2] Ebenso BELING S. 16; nicht eindeutig BIERLING III. S. 25f.

[3] Vgl. auch BELING S. 225: Es stehen sich tatbestandlich das Verursachen des Erfolgs und das Nichtverursachen des Gegenteils völlig gleich.

[4] N. II. S. 451.

Diese stellen das Handlungsmoment in den scheinbaren Unterlassungen dar. Ihre Verschiedenheit von den Handlungen im engeren Sinne besteht nur darin, daß das „Produkt des Willens, der auf Verursachung des Eintritts eines Erfolgs gerichtet ist, stets der Außenwelt“ angehört, „während das Produkt des sogenannten Unterlassungswillens ins Unsichtbare fällt, wenn auch die Mittel zur Herbeiführung dieses unsichtbaren Erfolgs der sichtbaren Welt angehören müssen“.[1]

II. Dies ist im wesentlichen Bindings Ansicht. Er hat Ungleichartiges nach gleichartigen Gesichtspunkten behandelt und ist damit zu Gewaltsamkeiten gekommen. Er hat nicht unterschieden zwischen dem inneren, psychischen Prozeß und der äußeren Seite, aber auch nicht zwischen Nicht- (Anders-) Handeln und Zuwiderhandeln.[2]

Es ist richtig, daß in einem „ich will nicht erfüllen“ ein gewisses positives „ich will“ enthalten ist. Wenn ich nicht erfüllen will, so habe ich den Willen, mich in meinem Tun und Lassen nicht von einer Beziehung zu dem gebotenen Erfolge leiten zu lassen. Ich will das tun (oder nicht tun), was ich immer zu tun (oder nicht zu tun) pflege. Man kann aber nicht unter allen Umständen sagen: wenn ich nicht erfüllen will, so will ich die Verursachung des Nichteintritts des Erfolgs. Gemeinhin liegt darin nur ein „ich will keine Ursache zum Erfolge setzen“.[3] Nach Binding gäbe es dann kein bloßes Nicht- (Anders-) Handeln, sondern nur ein Sich die Erfüllung unmöglich machen.

Wo finden wir eine Hinderungshandlung, wenn jemand vor Gericht als Zeuge vernommen, auf die ihm vorgelegten Fragen hin nichts „tut“ als schweigt (auch Schweigen gehört zu den begriffsverneinenden Verben, die ohne ein Positives — hier Reden — sinnlos wären)? Der Betreffende weiß, daß er zu reden hat, und will nicht. Er weiß auch, daß er, wenn er wollte, jeden Augenblick reden könnte. Und sein äußeres Verhalten würde, wenn er

[1] a. a. O. S. 453.

[2] Es ist nicht ersichtlich, warum Binding in diesem Zusammenhang auch das Anstiften zu einer Unterlassung und das gewaltsame Verhindern an der Erfüllung behandelt.

[3] Über die positive Fassung des Nichtwollens im einzelnen § 16 d. D.

redete, genau so sein, wie während er schweigt. Er tut nichts, was er beim Reden nicht auch täte, nur daß beim Reden eben das Reden noch dazu kommt. Er hindert sich äußerlich nicht im mindesten am Reden. Es ist keinerlei Mittel zur Herbeiführung des unsichtbaren Resultats verwandt worden, und darum kann dieses Mittel auch gar nicht der sichtbaren Welt angehören.

Es gibt also Fälle, wo der Unterlassende wirklich nichts tut, d. h. bewußt und gewollt jede Bewegung der Muskeln unterläßt. Richtig aber hat Binding erkannt, daß einer jeden gewollten Unterlassung eine innere Tat, ein psychischer Vorgang vorhergeht und sie begleitet. Und hier gehen wir sogar weiter. Für den inneren Prozeß spielt allerdings die Tatsache, ob eine Unterlassung verboten war oder rechtlich indifferent ist, eine bedeutsame Rolle.[1] Ein inneres Ankämpfen wird in jedem Falle vorliegen, mag es auch auf ein Minimum beschränkt oder fast ins Unterbewußtsein gedrängt sein; nicht aber liegt äußerlich im Unterlassen immer ein Setzen von Bedingungen gegen den Erfolg.

Auch nicht bei dem von uns sogenannten Andershandeln. Wer nicht erfüllen will und dafür den Geschäften des Berufs nachgeht, tut dies nicht, weil er sich dadurch die Erfüllung unmöglich machen will, sondern nur, weil er etwas tun will, was nicht den gebotenen Erfolg herbeiführt. Man kann nicht einmal sagen, daß objektiv unter allen Umständen ihm dies Tun — bei den großen Fristen, die für die meisten Handlungspflichten gesetzt sind — die Erfüllung unmöglich macht. Die Dinge können so liegen, eine solche Lage braucht aber nicht Inhalt der den Willen begleitenden Vorstellung gewesen zu sein.

Und richtig ist, daß der sogenannte Unterlassungswille ein solcher werden kann (aber eben nicht muß), der den Nichteintritt einer Veränderung verursachen will. Verursachung ist nur möglich durch wirkende Kraft. Den Nichteintritt einer Veränderung verursachen, heißt andere sinnenfällige Veränderungen hervorbringen: ein Zuwiderwollen bedingt stets ein Zuwiderhandeln.

III. Damit dürfte sich gezeigt haben, daß die an sich richtigen Ergebnisse Bindings nur deshalb ihre Allgemeingültigkeit ver-

---

[1] § 16 d. D.

lieren, weil sie in unberechtigter Weise verallgemeinern, Nicht- und Zuwiderhandeln, inneren und äußeren Vorgang verquicken, um die Tatseite des Unterlassungsdeliktes für jede seiner Erscheinungsformen zu retten.

Einer genaueren Kritik haben BINDINGS Ansicht unterzogen SCHWALBACH,[1] der die Trennung von äußerem und innerem Tatbestand und die Annahme eines positiven Wollens im schuldhaften Nichtwollen verwirft, und ALDOSSER,[2] der auf BINDINGS Theorie kommt bei Kritik der BINDINGschen Theorie der Kommissivdelikte durch Unterlassung und zwischen beiden einen unüberbrückbaren Widerspruch darin findet, daß BINDING bei seiner Theorie über die Kommissivdelikte durch Unterlassung das Schwergewicht auf das Aufgeben eines früher gefaßten Entschlusses gelegt und darin ein hinreichendes Handlungsmoment gesehen hat, während er bei den Omissivdelikten einen Hinderungswillen findet und dessen Objektivierung verlangt. Auf beide ist hier nicht einzugehen, die Stellung zu ihrem positiven Inhalt wird aus der Darlegung der eigenen Ansicht hervorgehen.[3]

3. Die Theorie Kollmanns.

§ 15.

I. Dafür, daß das Unterlassen als solches kein reales Phänomen ist, daß es nicht zu dem konkret in der Welt der Vorstellungen Gegebenen gehört, hat KOLLMANN den endgültigen Beweis erbracht.[4] Der Begriff der Unterlassung ist darauf begründet, daß neben der Welt der Vorstellung, der Welt des realen Geschehens, dem Menschen eine Welt des Vorgestellten, des Irrealen gegeben ist. Das negative Urteil konstatiert die Diskrepanz dieser beiden Vorstellungsbilder. Ein solches Urteil ist die Aussage: er unterließ. Das Unterlassen „ist das Urteil des Nichtübereinstimmens des konkreten Verhaltens eines Willensträgers mit einer als möglich vorgestellten Willensäußerung".[5] Es kann nicht ohne äußeren Vorgang gedacht werden; dieser wird verglichen mit einer als

[1] SCHWALBACH S. 603f.
[2] S. 72f.
[3] Vgl. auch KITZINGER S. 116.
[4] S. 155ff.
[5] S. 164.

möglich vorgestellten Willensbetätigung: „Dieses Vergleichen aber ist die Verknüpfung des realen Vorgangs mit dem irrealen zur Synthese des negativen Urteils . . . . Willenserkenntnismittel ist das Unterlassen, d. h. der reale Vorgang in Verknüpfung mit dem Irrealen.“[1]

Dieses Unterlassen kann nun entweder esoterisch[2] sein: das Individuum hält von sich eine Handlung in Zukunft für möglich, ohne daß es sich dabei um einen bereits fertigen Entschluß immer handeln muß. Oder das Unterlassen ist exoterisch:[3] ein anderes Subjekt als das, dessen positives Verhalten zum negativen Urteil führte, hielt von diesem eine Willensäußerung für möglich. Dieses ist der Normalfall des strafrechtlich relevanten Unterlassens. Denn „jedes Gebot rechnet mit der Möglichkeit des Gehorsams“.

Das Unterlassen kann ferner entweder so sein, daß „derjenige, dessen reales Verhalten den einen Komponenten abgibt, weiß, daß auf Grund seines Verhaltens jenes negative Urteil gefällt wird“, oder so, daß er dies nicht weiß: bewußtes und unbewußtes Unterlassen.[4]

Das Unterlassen kann endlich mit einem Erfolg in Beziehung gesetzt sein oder nicht.[5]

II. Gegen diese Sätze Kollmanns ist nichts einzuwenden. Nicht aber zieht er mit gleich logischer Schärfe aus ihnen die strafrechtlichen Folgerungen. Sie betreffen das „kommissive Unterlassen“, sie wären deshalb für unser Thema eigentlich unerheblich. Wie er es aber begrenzt, gehören dazu eine Menge Fälle, die man bisher als Fälle reiner Omission anzusehen pflegte.

1. Kollmann sagt: „Das Unterlassen ist kommissiv, wenn mit seiner Hilfe die Notwendigkeit eines Erfolgs begründet wird“,[6] wofern das negative Urteil — in Verbindung mit dem hypothetischen Urteil: ein Erfolg muß eintreten, wenn die vom negativen Beurteiler ins Auge gefaßte Willensäußerung existent wird, wie mit der Erkenntnis des Erfolgs, welcher eintreten muß, wenn der hypothetisch in Betracht gezogene Vorgang nicht stattfindet — den Schluß begründet, daß ein positiver Erfolg eintreten muß.“[7]

---

[1] S. 168/169. [2] S. 171. [3] S. 172/173. [4] Ibidem.
[5] S. 175ff. [6] S. 176. [7] S. 179/180.

Strafrechtlich aber darf nur dann das kommissive Unterlassen als Verursachung behandelt werden, wenn dem Subjekt das Eintretenlassen eines Erfolgs durch Unterlassen ebenso wie das Eintretenlassen durch Verursachen, rechtlich verboten war, d. h. wenn ihm geboten war, eine Handlung vorzunehmen, derzufolge der Erfolg nicht eintreten konnte, wie es ihm verboten war, eine Körperbewegung zu vollziehen, welche für den Erfolg kausal sein würde".[1] Bei diesen Kommissivdelikten lautet das Gebot: „Du sollst in bestimmter Weise handeln; denn wenn du so handelst, tritt ein bestimmter Erfolg ein und ein anderer nicht."[2] Das Gebot ist kausal motiviert, während dies bei der reinen Omission nicht der Fall ist.

2. Damit muß KOLLMANN zu Resultaten kommen (wenn er diese auch nicht ausspricht), die, so skeptisch und verneinend er in der Kausalitätsfrage ist, einen Begriff des Kommissivdelikts durch Unterlassung formulieren, der auch alle diejenigen reinen Omissivdelikte umfaßt, die gegen ein in Beziehung zu einem Erfolg gesetztes Verbot verstoßen. Ein solches liegt auch vor im Fall des § 360 z. 10. Soll der Unterlassende wie ein Verursacher der gemeinen Not bestraft werden, falls seine Hilfe diese beseitigt hätte? Wenn das Gebot[3] lautet: „Wenn du von einem verbrecherischen Anschlag Kunde erhalten hast, so bringe ihn zur Anzeige," dann soll der Unterlassende nur als solcher zu strafen sein; wenn dagegen: „wenn deine Anzeige einen verbrecherischen Anschlag vereiteln kann, so bringe ihn zur Anzeige," so soll der Unterlassende wie ein Verursacher des Anschlags zu strafen sein?

Eine Grenze zwischen echten und unechten Unterlassungsdelikten wäre dann überhaupt nicht mehr zu ziehen. Die Wirkungsfähigkeit des gebotenen Handelns läßt sich mit Gewißheit erst feststellen, nachdem wirklich gehandelt worden ist, d. h. beim Nichthandeln gar nicht.

KOLLMANN verkennt das Wesen der Gebote. Er stellt den kausal nicht motivierten die kausal motivierten als unterschiedslose Einheit gegenüber. Ob das Subjekt die Voraussetzungen für die Geltung des Gebots selbst geschaffen hat, ist ihm völlig

---

[1] S. 188. [2] S. 196. [3] Ibidem.

gleichgültig, ebenso ob das Objekt vor der Pflicht zu handeln schon in irgend einer kausalen Beziehung zu dem Erfolg stand, bezüglich dessen es dann handeln soll. Soweit es sich um selbständige Gebote und echte Unterlassungsdelikte handelt, können wir auf das in den früheren Paragraphen Gesagte verweisen. Handlungsmomente im Kommissivdelikt durch Unterlassen nachzuweisen — daß sie da sind, ist außer Frage; nur das steht in Frage, ob sie kausale Bedeutung haben, ob man sich eventuell zu einem dolus subsequens entschließen muß usw. — Dieser Mühe hat sich KOLLMANN allzuwenig unterzogen, von uns aber verlangt unsere Aufgabe diese Mühe nicht.

III. So sind für uns nur die Sätze KOLLMANNS über das Unterlassen als solches verwertbar.

II. Die Schuldseite.

§ 16.

Schuld ist normwidriger Wille. Eine schuldhafte Nichterfüllung liegt nur vor, wenn der Nichterfüllende gewußt hat oder hätte wissen müssen, daß er zum Handeln verpflichtet sei.

I. Zunächst ist die Schuldseite des Nicht- (Anders-) Handelns zu untersuchen. Will der Unterlassende etwas, oder will er etwas nicht oder will er nichts.[1]

1. Vorsätzliche Unterlassung liegt vor, wenn jemand weiß, daß er zum Handeln verpflichtet ist, und nicht handeln will.

Der bewußte Mensch kann nicht nichtswollend vorgestellt werden. Zu einem völligen Unterlassen aller Körperbewegungen und aller Denkvorgänge gehört eben auch ein Wollen. „Ich will nichts" hat nur einen Sinn, wenn das Nichts das Objekt zu Wollen, nicht, wenn es dessen bloße Verneinung bedeutet. Das rein verneinende Nichts-Wollen ist praktisch gleichbedeutend mit „Nicht wollen können". Der Mensch, der wollen kann, d. h. der wahlfähige Mensch will eben immer etwas, sei es nun, daß er etwas Bestimmtes will, sei es, daß er etwas Bestimmtes nicht will, sei es, daß er alles

---

[1] Über die Stellung der neuen Literatur zu dieser Frage vergl. RADBRUCH S. 142ff.

nicht will (d. h., daß der den Willen hat, weder eine Bewegung zu tun, noch einen Gedanken zu spinnen). Dieses denkbare Nichtswollen kommt hier aber nicht in Betracht. Nicht leisten wollen drückt ein ganz bestimmtes Wollen aus.

a) Im Menschen ist das Bewußtsein davon enthalten, daß er zum Handeln verpflichtet ist, daß die Erfüllung ein Wollen, eine Bewegung notwendig verlangt. Dieses Bewußtsein bildet somit eins der Momente, die ausschlaggebend werden können für die Bildung des Willens. Wenn nun der Mensch „nicht handeln will“, so heißt das: im Vergleich zu dem Bewußtsein des Verpflichtetseins ist ein anderes Moment stärker in ihm, der Gedanke an die Sieghaftigkeit dieses Momentes enthält ein stärkeres Lustgefühl, mag die Lust sich als eine Lust der Trägheit, der Bosheit oder sonstwie erweisen. Dieses Abwägen der einzelnen Momente kann auf ein zeitliches Minimum beschränkt sein, es mag fast unbewußt im Menschen vorgehen — vorhanden ist es auf jeden Fall, wo das Verpflichtetsein Inhalt des Bewußtseins ist. Und wenn man im einzelnen Fall sagen kann: „Es stand für ihn von vornherein fest, daß er nicht handeln würde,“ so heißt das eben nur, daß für einen bestimmten Menschen, bei seinen persönlichen Anlagen, der Reiz der Pflichterfüllung nie Herr des Willens werden konnte — trotzdem war dieser eins von den (wenn auch unterlegenen) Momenten, die der Bildung des Willens vorangingen.

Also: wie das Wollen notwendig einen Prozeß, eine Handlung innerhalb des Bewußtseins verlangt, so auch das bewußte Nichtwollen bei vorhandenem Bewußtsein des Verpflichtetseins.[1]

Wenn nun der Mensch sagt: „ich will nicht,“ so heißt das: das Bewußtsein des Verpflichtetseins war nicht fähig in ihm motivierend zu wirken, so daß dem „ich will nicht“ stets ein anderes „ich will“ entspricht. Ein „ich will nicht“ enthält weiter nichts als ein Nichtwollen in einer bestimmten Richtung, stellt also dar ein Wollen in anderer Richtung.[2] Was ergibt sich daraus für den rechtswidrigen Vorsatz?

[1] Übereinstimmend Landsberg S. 135ff., vgl. auch S. 157.

[2] Landsberg S. 129; entgegengesetzt Schwalbach S. 608. Radbruch S. 132 leugnet den innerkausalen Zusammenhang zwischen dem „ich will nicht“ und dem darauf folgenden positiven Verhalten. Der Grund leuchtet

b) Wer vorsätzlich handelt, will bewußt eine rechtswidrige Tat. Wer vorsätzlich nicht handelt, will bewußt eine gebotene Handlung nicht vornehmen. Vom Wille ist nur gesagt, daß er eine bestimmte Richtung nicht einschlagen wird — und auch das ist ein Wille. Man erkennt, daß das Gesetz ein Handeln verlangt, daß die eine Körperbewegung dieses Handeln herbeiführt, die andere Körperbewegung nicht. Deshalb will man die erstere Aktivität nicht, sondern die letztere oder gar keine.

Es ist also nichts gesagt über den positiven Inhalt des Nichtwollens, und dies ist auch wegen seiner Vielgestaltigkeit unmöglich. Wenn ich weiß, daß die und die Bewegungen den Erfolg hervorbringen, den ich nicht will, so kann ich mich entschließen, andere Bewegungen zu tun, die den Erfolg nicht herbeiführen; ich kann mich aber auch entschließen, überhaupt keine Bewegung hervorzubringen — die Grenze zwischen diesen beiden Entschlüssen ist fließend, zumal wenn man an die mannigfachen, willkürlichen, durch Gewohnheit zu unwillkürlichen gewordenen Bewegungen denkt. Irgend etwas wird der Mensch immer wollen, und sei's nur ein Verharrenwollen — auf jeden Fall ist es ein Anderswollen.

Rechtliche Bedeutung erhält dieser Vorsatz dadurch, daß er sich auf eine verbotene Nichtbetätigung bezieht, daß das Nichtwollen rechtswidrig ist.

c) Damit ergibt sich: der vorsätzlich rechtswidrige Wille zur Unterlassung ist ein bewußt rechtswidriges Anderswollen.[1]

2. Von fahrlässiger Unterlassung[2] redet man sowohl dann, wenn der Pflichtige zwar erfüllen will, aber solche Handlungen vornimmt, die nicht geeignet sind, die Erfüllung hervorzubringen,

---

nicht ein. Allerdings: ein direktes: „weil ich dieses nicht will, tue ich jenes" wird uns in den seltensten Fällen vorliegen. Aber so oft ich mir ein Tun als möglich vorgestellt habe und es dann nicht will, ist dieser innere Vorgang stets zum mindesten ein erneuter und darum verstärkter Entschluß zum Verharren, auf das durch das Auftauchen der Möglichkeit das Gebotene zu tun ein Angriff erhoben war.

[1] STURM S. 48 stellt den Willen zum Andershandeln neben den Willen zur Unterlassung. — SCHWARZE S. 45 will den „dolus nur als das Bewußtsein davon auffassen, daß die Voraussetzungen vorhanden sind, unter denen das gesetzliche Gebot zu erfüllen ist". Ebenso KOLLMANN S. 193.

[2] Bez. der neueren Literatur vgl. wiederum RADBRUCH S. 134 a².

was er sich vernünftigerweise hätte sagen müssen,[1] als auch dann, wenn er deshalb nicht erfüllt, weil er gar nicht daran denkt, daß er zum Handeln verpflichtet ist, aber daran hätte denken müssen. Wie sich beide Fälle vom vorsätzlichen Nichtwollen durch die Art der das Wollen begleitenden Vorstellung unterscheiden, so unterscheiden sie sich auch untereinander durch diese.

a) Fahrlässigkeit ist die Schuldform, die ihre Wurzel hat in pflichtwidriger Unaufmerksamkeit oder Gleichgültigkeit. Der Täter irrt sich entweder über die kausale Bedeutung seines Tuns oder über die rechtliche Bedeutung, das Verhältnis der Handlung zur Norm.[2] Diese Sätze auf die Unterlassung angewandt, ergibt:

Für den ersten Fall: Der Pflichtige will erfüllen. Das Bewußtsein des Verpflichtetseins hat einen Willensimpuls in ihm ausgelöst; er stellt sich den gebotenen Erfolg vor und die ihn herbeiführenden Körperbewegungen, aber er stellt sich nicht genügend die wirkliche kausale Bedeutung seiner Handlungen für den Erfolg vor: Er unterschätzt die erforderliche Zeit, die erforderliche Kraft, etwaige von außen kommende Widerstände. Jemand will ein Verbrechen anzeigen, gibt aber den bezüglichen Brief einem unzuverlässigen Boten, oder er versäumt die Dienststunden des Telegraphenamtes. Jemand will rechtzeitig zur Stellung, verpaßt aber infolge flüchtiger Orientierung den Zug usw. Er unterläßt das Maß von Erwägung, das man vernünftigerweise von einem Erwachsenen in solchen Fällen verlangen kann: Es kommt nicht zum gebotenen und gewollten Erfolg infolge mangelnder Überlegung.

Für den zweiten Fall: Der Pflichtige hat kein Bewußtsein von seinem Verpflichtetsein, darum auch keinerlei Vorstellung von Erfüllung oder Nichterfüllung. Das, was er wirklich will, steht in keinerlei Beziehung zu einem gebotenen Erfolg. Er will, was er will, weder weil er den gebotenen Erfolg will, noch will er es, weil er ihn nicht will; er will es, weil ein Bewußtsein des Verpflichtetseins gar nicht vorhanden und keines der Momente ist, aus denen oder gegen die der Wille erwächst. Solche Nichterfüllung läßt

[1] Diese Art fahrlässiger Nichterfüllung wird gemeinhin übersehen, und darum sind die Definitionen fahrlässiger Unterlassung halb.

[2] Finger L. S. 267.

an sich keinen Schluß darauf zu, ob der Betreffende, falls er an sein Verpflichtetsein gedacht hätte, gewollt oder nicht (anders) gewollt hätte. Die Schuld besteht hier nicht im Nichterfüllenwollen[1] sondern darin, daß er etwas nicht in sein Bewußtsein aufgenommen, an sein Verpflichtetsein nicht gedacht hat, was man aber von ihm verlangen konnte.

b) In beiden Fällen beruht die Fahrlässigkeit auf einem Irrtum, auf einem Nichtwissen, das bei gehöriger Aufmerksamkeit hätte vermieden werden können.[2] Im ersten Falle hat den Willen zur gebotenen Handlung nicht die erforderliche Vorstellung begleitet, im zweiten Falle ist ein rechtlich relevanter Willensentschluß ausgeblieben, weil der Pflichtige das Verpflichtetsein nicht in sein Bewußtsein aufgenommen hatte. In diesen beiden Fällen beruht die Schuld auf der Unterlassung gehöriger Denk- und Vorstellungstätigkeit, und wir stoßen wieder, auch innerhalb des eigentlichen Unterlassungsdeliktes auf ein weiteres Unterlassen, auf das Unterlassen des Nachdenkens. Die Untersuchung müßte nun wieder von vorn beginnen: w o l l t e der Pflichtige nicht genau nachdenken, w o l l t e er sich seiner Pflicht nicht erinnern? Wenn ja, faßte er diesen Willen vorsätzlich oder fahrlässig, äußert sich diese Fahrlässigkeit wiederum als inneres Unterlassungsdelikt?[3] Man kommt damit auf Fragen, die strafrechtlicher Untersuchung verschlossen sind. Psychologischer Betrachtung liegt es ob, zu untersuchen, wie solche Mängel der Vorstellung und des Bewußtseins mit der Willensbildung zusammenhängen, ob und inwieweit ein „an etwas denken wollen“ möglich ist, ein Vergessen durch den Willen ausgeschlossen werden kann. Das Gesetz nimmt an — und damit haben wir uns zu begnügen —, daß der Irrtum unter

[1] Ebenso Radbruch S. 135f. in seiner überzeugenden Polemik gegen Landsberg und Eltzbacher. Die daraus folgenden Probleme berühren aber auch die kommissive Fahrlässigkeit. Es liegt hier eben bezüglich des Gebotenen überhaupt kein Wollen vor; da aber der Mensch immer will, liegt ein Anderswollen vor, als der Gesetzgeber sich vorstellt. Daß der Delinquent sich diese Vorstellung nicht angeeignet hat, ist seine Schuld, ebenso wie bei fahrlässiger Begehung.

[2] Für die Abgrenzung von culpa und casus im einzelnen Fall spielt natürlich die Individualität des Pflichtigen eine Rolle.

[3] Vgl. hierzu Binding N. II. S. 115ff., bes. S. 118.

Umständen vermeidbar gewesen wäre, andere vernünftige Menschen haben ihn ja auch vermieden; und nimmt an, daß der Wille, wenn er gewollt hätte, sich hätte klar darüber sein können, was er, bez. ob er etwas zu tun hat. Und anderseits: wie auch immer dies Omissivdelikt der Denkfaulheit aufzufassen sei — es handelt sich bei ihm nicht um etwas den Unterlassungsdelikten Eigentümliches, sondern um eine Erscheinung, die auch der fahrlässigen Begehung eignet. Das Gebot der Aufmerksamkeit steckt in jedem Befehl.

c) So kann hier die Fahrlässigkeit charakterisiert werden als ein schuldhaft ungenügend rechtsgemäßes Wollen im einen, als ein unbewußt rechtswidriges Anderswollen im andern Falle.[1]

II. Die Schuldseite der Zuwiderhandlung bedarf keiner einzelnen Darlegung. Der Pflichtige, der nicht nur erfüllen will, sondern einen dem gebotenen Erfolg entgegengesetzten Erfolg herbeiführen will — gleichgültig ob dieser enthält die Unmöglichkeit der Realisierung der Erfüllung durch den Pflichtigen oder den Staat, oder ob er ein Erfolg ist, den der gebotene gerade ausschließen sollte — will nicht nur etwas anderes, sondern etwas Positives, Verbotenes, und ist in keiner Weise anders zu beurteilen als der, der ein selbständiges Verbot übertreten will. Auch fahrlässig kann zuwidergehandelt werden, man denke an die fahrlässig bewirkte falsche Einkommensangabe. Daß ein solcher einem im Gebot enthaltenen Verbot widersprechende Wille unter Umständen zugleich einem selbständigen Verbot widerspricht, wurde schon des öfteren betont.

III. Zu beiden Arten von vorsätzlicher und fahrlässiger Nichterfüllung ist noch zu bemerken:

1. Wann im einzelnen auch die Fahrlässigkeit zu strafen sei, hängt von Prinzipien ab, die völlig außerhalb dieser Betrachtung liegen, und hat nichts zu tun mit dem Gegensatz Handeln — Unterlassen. Daß beispielsweise — wie schon oben erwähnt — nur die vorsätzliche Nichtanzeige von Verbrechen strafbar ist, ergibt sich[2] aus dem subsidiären Charakter des § 139 StGB. Daß

---

[1] Das vorstehende baut im wesentlichen auf die Schuldbegriffe Bindings und Fingers auf.

[2] Gegen Olshausen N. 12 zu § 139 StGB., RMGE. 2, 200 u. a.

anderseits die Strafbarkeit der polizeilichen und andern verwaltungsrechtlichen Nichterfüllungen regelmäßig schon mit dem fahrlässigen Nichterfüllen gegeben ist, dürfte sich aus dem Wesen der Polizei und des Polizeidelikts ergeben — Verschulden ist die Voraussetzung jeder Bestrafung.[1] Doch darauf ist hier nicht einzugehen.

2. Gewöhnlich werden die Dinge so liegen, daß das Nicht-(Anders-) Handeln kulpos, das Zuwiderhandeln dolos geschieht. Wer vorsätzlich rechtswidrig nicht erfüllen will, wird meist mehr wollen, zumal wenn es sich um nachholbare Nichterfüllungen handelt. Die Aussicht auf die zwangsweise Nachholung wird ihn bewegen, auch gegen diese etwas zu unternehmen. Der Steuerpflichtige verheimlicht, der Heerespflichtige flieht. Aber auch bei den nichtnachholbaren Nichterfüllungen verhält es sich so: der Hilfepflichtige entfernt sich von der Stätte des Unglücks oder mehrt gar das Unglück; der Anzeigepflichtige tut alles, daß ja niemand von seiner Kenntnis erfahre und er zur Aussage gezwungen werde, oder er tut gar etwas, was ihn zu einem, am anzuzeigenden Verbrechen subjektiv Beteiligten macht. Begrifflich ist aber dolus und culpa sowohl bezüglich des Nicht- als auch bezüglich des Zuwiderhandelns denkbar.

III. Die Tatseite.

1. Das Verhalten.

§ 17.

Nach dem Bisherigen[2] dürfte nicht mehr viel über die Tatseite des Unterlassungsdeliktes zu sagen sein.

I. Zweifellos ist stets eine solche bei der Zuwiderhandlung vorhanden. Der Zuwiderhandelnde arbeitet auf einen bestimmten äußeren Erfolg hin wie beim Begehungsverbrechen. Genau wie dieses ist die Zuwiderhandlung zu beurteilen bez. Mehrheit des

[1] Otto Mayer I. S. 320; II. S. 450.

[2] Vgl. besonders das über das Nicht- (Anders-) und Zuwiderhandeln und das gegen Bindings Theorie Gesagte.

verbrecherischen Subjekts, des Versuchs, Orts und Zeit der Begehung. Zweifel können nur entstehen, wenn sie — und dies ist nur in den wenigsten Fällen so — nicht besonders pönalisiert ist, wenn die gebietende Norm nur einer einzigen gesetzlichen Bestimmung „wer ... unterläßt" zugrunde liegt: ist die Erfüllung an eine willkürlich gesetzte Frist gebunden, so kann auch die Zuwiderhandlung strafrechtlich erst relevant werden von dem Punkt an, bis zu dem erfüllt sein muß. Ob allerdings der verwaltende Staat schon vorher einer geplanten Zuwiderhandlung vorbeugen bez. den bei der Zuwiderhandlung Betroffenen schon vor Ablauf der Frist daran hindern und zur Erfüllung zwingen darf, ist eine andere Frage. Wer z. B. an bestimmtem Tage sich zu stellen hat und, um sich selbst daran zu verhindern, eine Reise vornimmt, so daß er unzweifelhaft nicht zur festgesetzten Stunde am Erfüllungsort sein kann, der hat schon vor der Zeit die Zuwiderhandlung vollendet, die Erfüllung sich unmöglich gemacht. Kriminell wird er aber erst von dem Punkte an, bis zu dem er sich hätte stellen müssen. Wüßte aber anderseits die Obrigkeit von seinem Reisevorhaben und dem zugrundeliegenden Motiv, so dürfte sie ihn wohl an der Reise verhindern. Deshalb sind Zuwiderhandlungen bezüglich richtender und verwaltender Tätigkeit verschieden zu beurteilen.

Zuwiderhandlungen stellen sich dar als Nichterfüllungen, nicht aber als wirkliche Unterlassungen, können sie ja — wie bei der Rechtsbeugung sogar die äußere Form der Erfüllung annehmen. Das Thema unserer Arbeit verlangt kein genaueres Eingehen auf sie. Wir haben die strafrechtlichen Konsequenzen des wirklichen Unterlassungsdeliktes zu ziehen.

II. 1. Daß auch der Wille, der lediglich nicht erfüllen will, ein positiver ist, hat § 16 gezeigt. Und zwar objektiviert er sich nun entweder in einem willkürlichen Anhalten der Muskeltätigkeiten:[1] Schweigen, zu Hause bleiben, stehen bleiben usw.; dann äußert er sich in einem gewaltsamen Anhalten und Hemmen ge-

---

[1] Beling S. 15 und Zitelmann S. 61 erkennen nur dies als Unterlassungstätigkeiten an. — Das Resultat des nur auf einen Akt gerichteten Wollens als Tat bezeichnet bei Fischer S. 18.

wöhnlicher, rechtlich indifferenter Veränderungen (Nichthandeln) oder er äußert sich in einem Fortsetzen der gewöhnlichen Tätigkeiten (Andershandeln). Die Vorstellung ist nicht: „Was tue ich, um nicht erfüllen zu können“? sondern: Welche Tätigkeit enthält keine Erfüllung? Und aus den tausend Möglichkeiten wird der Mensch als die naheliegendste seine gewohnte Tätigkeit aussuchen. Erfüllen wollen bedeutet ein Unterlassen aller gewohnten Veränderung oder Nichtveränderung zugunsten einer bestimmten gebotenen Veränderung. Nicht erfüllen wollen bedeutet ein Einhalten oder Fortsetzen rechtlich indifferenter Veränderung zu ungunsten bestimmter gebotener Veränderung. Dabei ist zwischen reiner Untätigkeit und einem Andershandeln, das kein Zuwiderhandeln ist, als Unterlassen nicht genau zu scheiden; Unterlassen ist transitiv, heißt etwas nicht tun (v. Liszt).

2. Unterlassen ist nichts Reales. Nur wenn eine Handlung als möglich vorgestellt war oder später vorgestellt wird, taucht überhaupt das Urteil auf: er unterließ. Hat jemand getötet, so ist dies eine Tatsache, unabhängig davon, ob das Töten verboten. Das Schweigen, Zuhausbleiben usw. wird aber erst relevant, wenn das Gesetz sich eine andere Handlung vorgestellt hatte, wenn es ein Gebot erlassen hatte, d. h. das tatsächlich vorgenommene ist an sich irrelevant, relevant wird es dadurch, daß es beweist, daß eine andere (die gebotene) Handlung nicht vorgenommen wurde, daß es, das bestimmte äußere Verhalten, die Objektivierung des Willens zur Nichterfüllung enthält.[1] Die Tatseite, d. h. das vom Willen kausierte äußere Verhalten des Menschen ist aber nur negativ bestimmt, ein Verhalten, das die und die Charakteristika nicht hat. Die Tatseite der Nichterfüllung des Gebots stellt sich genau so dar wie die Tatseite der Erfüllung des Verbots. Das äußere Verhalten zeigt hier die Erfüllung, dort die Nichterfüllung an. Weder geht aber aus der Erfüllung hier noch aus der Nichterfüllung dort eine bestimmte Charakteristik des Verhaltens hervor. Die Zahl der Wege, die zu einem Punkte führt, kann groß sein, begrifflich ist sie endlich. Die Zahl aber, die nicht hinführt, ist

[1] Ebenso Wach, Druckbgn. S. 48. — Diese Relevanz leugnet Radbruch. S. 137.

unendlich groß. Wie die Möglichkeit der Tatseiten der Gebotserfüllung und der Verbotsübertretung eine beschränkte ist, so ist die Tatseite der Gebotsnichterfüllung und der Verbotserfüllung eine unendliche — soll man dann noch von „Tat“seite reden? Wer bei einem Unglück steht und helfen soll und nicht helfen will, kann völlig nichtstuend vorgestellt werden, er kann beiseite treten, die Hände in die Taschen stecken, eine Zeitung lesen, sich eine Pfeife stopfen. Soll man nun sagen: die Tatseite der Nichthilfeleistung bestand im Pfeifestopfen? Falsch wäre es nicht: denn gewiß objektiviert das Pfeifestopfen außer andern Willen auch den Willen, nicht zu helfen. Wenn man aber den Begriff der Tatseite so weit faßt, sinkt er zur Bedeutungslosigkeit herab.

Anders natürlich, wenn der Unterlassungswille auch bezüglich des gebotenen Erfolges positive Formen annimmt, wenn der Pflichtige den Feuereimer wegwirft, der ihm in die Hand gedrückt wird, wenn er sich in unbewachtem Augenblicke davonstiehlt. Dann liegt aber eben ein Mehr vor.

Und zur vollen Bedeutungslosigkeit sinkt die „Tat“seite herab, wenn es sich um befristete Erfüllungen handelt. Im vorigen Fall mußte sofort gehandelt werden, d. h. jedwedes Nicht- oder Anderstun stellte sich als verboten dar. Wenn nun aber zu einer Erfüllung, die die Arbeit eines halben Tages beansprucht, 14 Tage Frist gegeben sind? Den Willen zur Nichterfüllung kann ich am Anfang, aber auch im Verlauf dieser Frist fassen, ich kann ihn wieder fallen lassen und wieder fassen. Welches Andershandeln war dann das verbotene, und vor allem, in welchem Andershandeln objektivierte sich der Unterlassungswille, wo war das Handlungsmoment, die Tatseite?

3. Aus diesen Gründen ist es unzweckmäßig von „Tat“seite zu reden. Der Unterlassungswille objektiviert sich, ein objektiver Tatbestand ist vorhanden. Aber die „Tat“ ist negativ orientiert; darum reden wir besser allgemein von äußerem Verhalten. In diesem Sinn ist Finger beizustimmen, wenn er seinen Satz, beim echten Unterlassungsdelikt bestehe das äußere Geschehen in einem Nichttun, in Passivität,[1] an anderer Stelle[2] dahin präzisiert: die

[1] L. S. 294.

[2] L. S. 103, vgl. auch Hälschner L. S. 235f.

Gebote „können nur durch ein Nichttun (oder was hier gleichbedeutend ist, durch ein Anderstun) übertreten werden.“

2. Vollendung und Versuch.

§ 18.

Wann ist das Unterlassungsdelikt (d. h. das schuldhafte Nicht- oder Andershandeln) „vollendet“? Wie charakterisiert sich diese Vollendung? Gibt es etwas dem Versuch bei Begehungen Entsprechendes?

I. 1. Vollendung des Begehungsverbrechens „ist die bis zur Verwirklichung aller gesetzlich wesentlichen Merkmale des beabsichtigten Verbrechens gediehene Umsetzung des Vorsatzes in die Tat.“[1] Da nun die Tatseite des Unterlassungdeliktes nur negativ charakterisiert ist, der Vorsatz sich in unzählig viele Taten umsetzen kann, die alle eine bestimmte Eigenschaft nicht haben, kann auch die Vollendung des Unterlassungsdeliktes nur negativ charakterisiert werden. Die Merkmale des beabsichtigten Verbrechens werden nur dadurch verwirklicht, daß eine bestimmte Veränderung nicht eintritt. Der Vorsatz muß sich nicht unbedingt in eine „Tat“ umsetzen, er liegt nur auf jeden Fall einem Verhalten zugrunde. Die Objektivierung des Vorsatzes wie der Verbrechensmerkmale ist nicht notwendig eine naturkausale Veränderung; die Verwirklichung ist eine Verwirklichung in der Vorstellung, sie kann auch durch Nichttun eintreten. Für die Vollendung des Unterlassungsdeliktes kann darum nur gefordert werden, daß der Wille sich in einem „Verhalten“ objektiviere und daß die Verwirklichung aller gesetzlich wesentlichen Merkmale der Vorstellungswelt angehöre.

2. Ein Nichtgeschehen kann an sich zeitlos gedacht werden, nicht aber dann, wenn es den Gegensatz bildet zu einem Geschehen; denn dieses verlangt eine Beziehung auf Zeit, Raum, Gegenstand. Deshalb muß auch dem Nichtgeschehen seine zeitliche Stellung angewiesen werden, seine zeitliche Beziehung zu den positiven,

[1] Binding.

rechtlich relevanten Erscheinungen des Weltlaufs. Das Handeln kann nicht ohne Beziehung auf die Zeit gedacht werden, folglich auch nicht die Pflicht zu solchem Handeln, folglich auch nicht die Nichterfüllung solcher Pflicht — die Zeit gehört zu den Merkmalen des Tatbestands der Erfüllung wie der Nichterfüllung. Darum ist das Unterlassungsdelikt vollendet, wenn das, was geleistet werden sollte, zu der Zeit oder bis zu der Zeit, zu der oder bis zu der geleistet werden sollte, nicht geleistet wurde.

a) Wenn nun — wie bei den meisten Handlungspflichten — zur Erfüllung der Pflicht eine Frist vom Gesetzgeber willkürlich gesetzt ist, die größer ist als die zur Erfüllung erforderliche Zeit, so steht dem Pflichtigen ein spatium deliberandi zur Verfügung. Es ist nun völlig gleichgültig, ob der Pflichtige vom Beginn seines Verpflichtetseins an den Unterlassungswillen gehabt oder ihn erst später gefaßt oder des öfteren geschwankt und schließlich gewollt unterlassen hat. Man kann nicht sagen, eigentlich sei das Delikt vollendet, sobald der Wille nicht zu erfüllen feststeht:[1] Der Pflichtige kann innerhalb der Frist beliebig oft seinen Willen ändern, es kommt nur auf seinen letzten Willensentschluß an. „Lief die Frist ab und zwar deshalb, weil der Unterlassende sie ablaufen lassen wollte, dann und nur dann ist das Gebot übertreten,“[2] dann erst ist das Delikt vollendet. Erfüllung ist freilich schon vor Fristablauf möglich, dann handelt es sich aber nur gewissermaßen um eine freiwillige Tat des Betreffenden; das Gesetz verlangt nur, daß er bis zu dem und dem Tag erfülle.

b) Auch wenn der Zeitpunkt des Handelnsollens durch die Natur der Sache gegeben ist, d. h. durch einen vom Willen des Befehlenden wie des Pflichtigen unabhängigen äußeren Vorgang — dem Verbrechensvorhaben eines Dritten, dem Fall gemeiner Not u. ä. —, kann eine Frist gegeben sein, aber sie muß nicht gegeben sein. Das dritte Ereignis kann sich über eine längere Zeit erstrecken, und das auf dieses bezügliche Handeln kann statt „sofort“ „zur

[1] Anders Landsberg, S. 170, der, falls später doch noch gehandelt wurde, von Versuch der Omission und tätiger Reue redet. Sturm redet hier von einem Versuch des Nichtwollens (S. 134).

[2] Glaser GS. 1882, S. 147. — Die Kontroverse zwischen diesem und Schwalbach dürfte auf beiderseitigen Mißverständnissen beruhen.

rechten Zeit gefordert sein" und damit kann die Pflicht natürlich befristet sein. Auf jeden Fall aber beurteilt sich hier die Vollendung des Delikts nicht nach einem willkürlichen, subjektiven, schon vor der Vollendung und Verpflichtung kalendermäßig bestimmbaren Zeitpunkt, sondern das Delikt ist vollendet, sobald das dritte Ereignis, in Beziehung auf welches gehandelt werden sollte, derartig eingetreten oder nicht eingetreten ist, daß ein Handeln in Beziehung auf dasselbe nicht mehr möglich ist. So wenn man von einem Verbrechensplan zu einer Zeit hört, in welcher die Verhütung des Verbrechens möglich ist, die Anzeige aber so lange unterläßt, bis die Verhütung nicht mehr möglich ist. Welches dieser Zeitpunkt ist, läßt sich nur für den einzelnen konkreten Fall und erst hinterher bestimmen.

c) Das Unterlassungsdelikt ist also vollendet, wenn die geforderte Handlung zu der bestimmten Zeit nicht vorgenommen wurde. Die Zeit kann willkürlich bestimmt sein oder kann sein ein „durch die Natur der Sache begrenzter Zeitraum".[1]

4. Schon früher haben wir zwischen nachholbaren und nichtnachholbaren Nichterfüllungen geschieden: hier erlischt mit der Nichterfüllung zugleich die Pflicht zum Handeln — darum ist die Strafe ihre spezifische Rechtsfolge; dort besteht die Pflicht trotz Nichterfüllung weiter, und neben der Strafe steht der Erfüllungszwang. Diese Teilung deckt sich sachlich im allgemeinen mit der unter 2. gegebenen: die nichtnachholbaren gehören ausnahmslos zu den Pflichten mit natürlicher Zeitbestimmung, die nachholbaren gehören zu denen mit willkürlicher Zeitbestimmung, können aber auch zu den andern gehören. Es ist hier nun auf eine Eigenart der nachholbaren Nichterfüllungen hinzuweisen. Nach wie vor besteht die Handlungspflicht weiter; solange der Pflichtige nicht erfüllt, zeigt er ein rechtswidriges Verhalten, muß er unter Umständen — soweit dies nämlich gesetzlich zugelassen — erneuter Bestrafung oder der Zwangsvollstreckung gewärtig sein. Auf diese Fälle bezieht sich GLASERS Satz: das Delikt kann vollendet sein ohne beendigt zu sein".[1] Schief ist es aber, wenn er fortfährt,

---

[1] GLASER a. a. O.

[2] Abh. S. 292.

das Verbrechen würde von Augenblick zu Augenblick erneuert. Richtiger ist es, wenn man mit BINDING[1] sagt, das Delikt selbst zieht sich durch längere Zeiträume hin, und es als Dauerdelikt charakterisiert.

II. Es wurde schon früher darauf hingewiesen, daß die Theorie verschiedener Meinung ist bezüglich der Möglichkeit eines Versuchs beim echten Unterlassungsverbrechen.[2] Daß ein Versuch des Zuwiderhandelns möglich ist, liegt klar zutage. Man denke nur an den Versuch der Militäruntauglichmachung. Für uns handelt es sich um die Möglichkeit des Versuchs der bloßen Nichterfüllung.

1. Der Versuch eines Begehungsverbrechens „ist vorhanden, wenn ein auf Vollendung desselben gerichteter Vorsatz mit seiner Selbstvollendung zwar begonnen, allein bis zu seiner Vollendung fortzuschreiten nicht vermocht hat.“[3] Wir vermögen nun nicht, der Nichterfüllung in allen ihren Fällen eine positiv charakterisierte Tatseite zuzusprechen, deshalb müssen wir ihr auch die Möglichkeit eines solchen Versuchs absprechen. Ein „Versuch“ enthält ein aktives Wollen (nicht nur ein positives), es wäre schief, von einem solchen bei der Nichterfüllung zu sprechen. Allerdings kennt unser Sprachgebrauch den „Versuch eines Nichttuns“. Ein solches „ich habe versucht etwas nicht zu tun“ besagt dreierlei: Entweder: ich habe vergeblich angekämpft gegen den Reiz in mir, etwas zu tun; ich habe es doch (und zwar gewollt) getan. Dieser Versuch scheidet gänzlich aus der Betrachtung aus; er bezieht sich nur auf die inneren, der Willensbildung vorangehenden Vorgänge. Oder: ich habe versucht, mir das Tun unmöglich zu machen. Dann liegt ein Versuch der Zuwiderhandlung vor. Oder schließlich: ich habe jedes das gebotene Tun bewirkende Verhalten bewußt und gewollt unterlassen, trotzdem ist der gebotene Erfolg eingetreten. So gibt es auch bei der Nichterfüllung etwas, was man zwar streng logisch nicht Versuch nennen kann, was aber den Versuch der Begehungsverbrechen darin entspricht, daß es wider

[1] Hdbch. S. 543.

[2] Vgl. die Zitate bei BINDING, Grundriß S. 129f. und bei FINGER, östr. StrR. S. 490 a[415].

[3] BINDING.

den Willen des Pflichtigen zum gebotenen Erfolg kommt, wie es auch zur Vermeidung des verbotenen Erfolgs wider den Willen des Täters kommen kann.[1] Der Unterlassende beginnt nicht mit Ausführungshandlungen: subjektiv, vom Standpunkt des Unterlassenden aus, ist das Verbrechen entweder vollendet oder noch gar nicht vorhanden.[2] Man faßt darum besser solchen „Versuch" als fehlgeschlagenes Verbrechen.[3]

2. Es kann nun zur Erfüllung kommen wider den Willen des Pflichtigen in zweierlei Weise.[4]

a) Es kommt zu dem von der Rechtsordnung gebotenen Erfolg durch eigenes Verhalten des Pflichtigen, das sich als Erfüllungshandlung darstellt wider seinen Willen. „Dieser will den Bedrohten nicht warnen, verrät sich aber, und der Bedrohte meidet deshalb den Angriff."[5] In solchem Falle hat das Gesetz keinen Anlaß zu strafen: Die Bedingungen für den gebotenen Erfolg sind durch das eigene Verhalten des Pflichtigen gesetzt, und wenn auch der Wille normwidrig war, so steht doch das äußere Tun in vollem Einklange mit der Rechtsordnung.

b) Es kommt zu dem von der Rechtsordnung gebotenen Erfolg, wider den Willen des Pflichtigen, durch Handlungen Dritter. Jemand will ein Verbrechen nicht anzeigen, erzählt davon aber vertraulich einem Dritten, und dieser erfüllt die Anzeigepflicht. Oder der Pflichtige nimmt absichtlich die ihm obliegende Straßenreinigung nicht vor, und heimlich — gewissermaßen als negotiorum gestor — leistet ein Dritter für ihn. Strafrechtlich sind diese Fälle verschieden zu behandeln.

---

[1] Binding, Grundriß S. 130.

[2] Zachariae S. 69; Schwarze S. 114.

[3] v. Liszt S. 204; entgegen Landsberg S. 172.

[4] Die Kasuistik Landsbergs S. 170ff. ist unzureichend.

[5] Binding a. a. O. — Das bei Finger öst. StrR. 490a [415] zitierte Beispiel Meyer-Allfelds: „Bei einem Auflauf klammern sich mehrere Leute, die der Aufforderung, auseinanderzugehen, nicht Folge leisten wollen, aneinander, sie werden aber von der Menge, die das Gebot der Beamten befolgt; auseinander gerissen" ist ein Beispiel eines Versuchs der Zuwiderhandlung, ebenso scheint Olshausen (N. 27b zu § 43 i. V. mit N. 3b zu § 1) nur diese Art Versuch vor Augen zu haben; ebenso Luden I S. 468.

α) Besteht die Pflicht nur für den Unterlassenden, kann aber die Handlung, die ihr Inhalt ist, auch von einem Dritten getan werden (also eine, deren Erfüllungserfolg durch unmittelbare Zwangsvollstreckung herbeigeführt werden kann: unpersönliche Handlungspflichten), so ist die Unterlassung strafrechtlich irrelevant, wenn der Dritte, zwar wider den Willen, doch im Interesse des Unterlassenden und nicht etwa von vierter (obrigkeitlicher) Seite beauftragt, die Handlung vornimmt, für ihn zahlt, die Tiere anbindet, den Schmutz entfernt. Handelt der Dritte aber in fremdem Interesse, etwa um einer aus der Unterlassung drohenden Gefahr vorzubeugen, und liegen die Dinge so, daß der Pflichtige zwar noch rechtzeitig erfüllen könnte, ganz offensichtlich aber den Willen hat nicht zu erfüllen, dann macht ihn die Handlung des Dritten nicht straffrei.

β) Besteht die Pflicht für mehrere und zwar so, daß alle dasselbe schulden (alle, die Kunde von einem Verbrechen haben, haben die gleiche Meldung zu machen), so ist an sich genug geschehen, wenn einer vollkommen erfüllt hat. Demjenigen aber, der weder erfüllen wollte, noch weiß, das von anderer Seite das geleistet wurde, was auch er zu leisten hatte, kommt die Erfüllung des andern nicht zugute. Zwischen dem Erfüllen des andern und seinem Verhalten besteht keinerlei Beziehung, weder des Wissens, noch des Wollens. Er wird darum wegen Nichterfüllung zu strafen sein,[1] vorausgesetzt, daß, wenn es sich etwa um § 139 StGB. handelt, es trotz der Anzeige des andern zur strafbaren Handlung gekommen ist. Nicht so allgemein regeln lassen sich die Fälle, wo der Unterlassende nicht erfüllen will, aber weiß, daß andere zur gleichen Leistung verpflichtet sind. Nimmt er an, auch die andern werden nicht erfüllen, so wird ihn deren Erfüllung nicht straffrei machen. Vermutet er, ein anderer werde erfüllen, so kommt es darauf an, ob er zu der Vermutung berechtigt war. Weiß er, daß von anderer Seite das getan wurde, was er tun sollte und nicht wollte, so wird ihm sein Nichtwollen nicht schaden. — Es wird hier immer die subjektive Seite den Ausschlag geben.

γ) Wenn höchstpersönliche (d. h. nicht unmittelbar reali-

---

[1] Ebenso Binding L. II S. 680.

sierbare) und nur für den Unterlassenden bestehende Handlungspflichten in Frage stehen, ist es natürlich unmöglich, daß es ohne sein Tun und ohne sein Wollen zum gebotenen Erfolg kommt.

3. Alle diese Fälle berühren sich in gewisser Weise mit etwas, was man im Zivilrecht „Erlöschen der Obligation durch Zweckerreichung"[1] nennt. Diese Beziehungen können im einzelnen hier nicht verfolgt werden. Die rein verwaltungsrechtlichen Handlungspflichten, wo die Strafe juristisch nicht Selbstzweck ist, werden leichter eine Analogie zulassen als die strafrechtlichen, wo das Schuldmoment die bedeutsame Rolle spielt, wo der Ungehorsam vor der Nichterfüllung gestraft wird.

III. Es sei nur noch hingewiesen auf eine weitere Möglichkeit einer Zwischenstufe zwischen Erfüllung und Nichterfüllung, auf die ungenügende Erfüllung: der Anzeigepflichtige macht nicht vollständige Angaben, der Hilfepflichtige spannt nicht alle Kräfte an, der, der andere von verbotenen Vorhaben abhalten soll, tut dies in lässiger Weise. Hier kommt es auf den konkreten Fall an, ob das Tun mehr eine Erfüllung oder mehr eine Nichterfüllung darstellt. Denkbar ist ein Tun, das nur den Schein der Erfüllung hat, denkbar ist ein Tun, das nicht restlos Erfüllung darstellt, aber doch im wesentlichen das zum Inhalt hat, was man gemeinhin als Mindestmaß der Erfüllung ansehen kann.

3. Zeit und Ort der Begehung.

§ 19.

I. Das Unterlassungsdelikt ist vollendet in dem Zeitpunkt, in dem oder bis zu dem gehandelt werden sollte. Dann erst hat sich der Unterlassungswille genügend objektiviert. Dann erst entsteht das Strafrecht des Staates. Dann erst ist das Verhalten rechtswidrig; die Vollendung der Erfüllung der Handlungspflicht bedarf einer Zeit, die der Nichterfüllung nur eines Momentes, und man braucht nicht von einer besonderen purgatio morae[2]

[1] Klein.

[2] Binding, Hdbch. S. 842.

zu reden. Und weil sich dann der Unterlassungswille hinreichend objektiviert hat — wenn ihm auch keine positiv charakterisierte Tatseite entspricht, so entspricht ihm doch ein äußeres Verhalten —, darum kann man auch von einem „Begehen“ des Unterlassungsdeliktes reden.

1. a) Dieses Begehen kann sich nun aber auch über Zeiträume erstrecken, dann nämlich, wenn Erfüllung auch nach der gesetzten Frist noch möglich und gefordert ist.[1] Wenn der Pflichtige nicht nur nicht zur gebotenen Zeit erfüllt, sondern auch danach untätig bleibt, begeht er gewissermaßen weiter, bis das, was von ihm gefordert wird, ganz der Vergangenheit angehört, bis die Pflicht zur Nachholung erlischt. Welcher Zeitpunkt dies ist, kann nur für den einzelnen Fall entschieden werden. Es kann ein willkürlicher Zeitpunkt sein: so erlischt die Heerespflicht auch bezüglich der Nachholung in einem gesetzlich positiv bestimmten Lebensjahr, auch wenn der Pflichtige noch nach diesem militärtauglich wäre. Meistens aber wird es ein durch die Natur der Verhältnisse gegebener Zeitpunkt sein: die Pflicht erlischt, wenn das Objekt des Handelns wegfällt: das Tier, das untersucht werden sollte, ist bereits verzehrt; der Weinberg, in dem geraupt werden sollte, ist bereits in einen Ziergarten verwandelt worden. Oder sie erlischt, wenn eine Nachholung zwar noch möglich, aber vom Standpunkte des verwaltenden Staates aus zwecklos wäre oder wenn von dritter Seite nachgeholt wird.

b) Wenn es sich dagegen um eine nichtnachholbare Erfüllung handelt — so vor allem im Fall des § 139 StGB. — dann ist der Zeitpunkt der Begehung, der Vollendung und der Beendigung der gleiche.

2. So können im Fall 1 a) Beginn des staatlichen Strafrechts und der Verjährungsfrist auseinanderfallen, indem ersteres entsteht mit der Vollendung, letztere erst mit Beendigung der Be-

---

[1] Kitzinger S. 127 läßt die Begehung schon beginnen in der Zeit, „in welcher der gesetzlich Verpflichtete nach den konkreten Umständen seine Tätigkeit hätte spätestens beginnen müssen“. Dieser Punkt läßt sich nie — auch nicht hinterher — bestimmen, von den Fällen, wo sofort zu handeln ist, abgesehen.

gehung, und diese liegt bei den nachholbaren Erfüllungen erst vor mit Aufhören der Handlungspflicht.[1]

II. Weniger Einhelligkeit herrscht in der Wissenschaft bez. des Orts der Begehung. Als solcher ist nach der einen Ansicht der Ort anzusehen, wo gehandelt werden sollte,[2] nach der anderen der, wo der Unterlassende während der Unterlassung sich befand.[3]

1. Es handelt sich bei Bestimmung des Orts „nicht um eine Erklärung von Seiendem, vielmehr bedeutet die Frage lösen, ein konstruktives Prinzip zu finden".[4] So kann man an sich bezw. des Kommissivdelikts als Ort der Begehung sowohl den Ort der Ausführungstätigkeit, wie den des Erfolgs bezeichnen. Ähnlich beim Unterlassungsdelikt.

Der Unterlassungswille objektiviert sich in einem (wenn auch nicht positiv charakterisierten) äußeren Verhalten. Dieses entspricht der Ausführungstätigkeit bei den Kommissivdelikten. Und der Nichteintritt der bestimmten gebotenen Veränderung an bestimmtem Ort entspricht dem Eintritt der bestimmten verbotenen Veränderung an bestimmtem Ort. Wenn nun Glaser[5] behauptet, eigentlich sei gar kein Ort der begangenen Tat vorhanden;[6] den Aufenthaltsort des Schuldigen könne man deshalb nicht als solchen gelten lassen, weil sich an sein Verhalten an diesem Ort nichts Strafbares knüpfe; vielmehr knüpfe sich der äußere Tatbestand an den Ort, wo gehandelt werden sollte, so beweist dies weder für noch gegen. Das Verhalten an dem Aufenthaltsort ist keineswegs rechtlich irrelevant, es objektiviert eben den schuldhaften Willen. Und wenn gar die Nichterfüllung im Zuwiderhandeln

---

[1] Vgl. hierzu Binding, Hdbch. S. 841f., Frank S. 30 und die dort zitierten Entscheidungen, Glaser Abh. S. 292. — Im Resultat schon ebenso im allgem. Heffter S. 311ff.

[2] So die meisten, z. B. Glaser Abh. S. 293, Schwalbach S. 615, Seligsohn S. 219, v. Liszt S. 137.

[3] So z. B. v. Rohland, int. StrR. S. 30.

[4] Finger, öst. StrR. S. 499.

[5] a. a. O.

[6] Noch weiter geht Kitzinger S. 118: Das Delikt ist eigentlich nirgends begangen.

gegen das im Gebot enthaltene Verbot besteht, dann handelt es sich nicht nur um ein äußeres Verhalten, sondern um eine verbotene, positiv charakterisierte Tätigkeit, ja sogar um einen positiv charakterisierten Erfolg an diesem Ort. Diesen würde man bei der Zuwiderhandlung als Ort der Begehung anerkennen. So verschieden aber vom Zuwiderhandeln ist das Nicht-(Anders-) Handeln nicht, daß es gar nicht in Betracht kommen könnte. Dazu kommt noch ein weiterer wichtiger Punkt, auf den Finger[1] hinweist: Wenn nicht die Nichterfüllung, sondern die Erfüllung in Frage stände, so müßte der Pflichtige auch von seinem Aufenthaltsort aus tätig werden, und es träfe ihn keinerlei Verantwortung, wenn ohne sein Verschulden sein Tätigsein nicht bis zu dem Ort wirkte, wo der Erfolg einzutreten hat, wenn der Anzeigebrief auf der Post verloren ginge usw.

2. Ohne Schwierigkeit bestimmen sich die Fälle, wo die Norm „die Handlung nur von dem, der sich gerade an diesem Ort befindet, wo der Erfolg eintreten soll",[2] fordert. Aber die Verhältnisse liegen nicht immer so wie im § 360[10] StGB. Dann kann rein logisch betrachtet ebenso der Ort des Aufenthalts wie der Erfüllungsort in Frage kommen.

a) Für sich allein durchgeführt, befriedigt keine der beiden Ansichten.

α) Nimmt man den Aufenthaltsort als einzigen Ort der Begehung an, so steht man, wenn es sich um eine längere Frist handelt und der Schuldige innerhalb dieser seinen Aufenthaltsort gewechselt hatte, wieder vor der Frage: bei welchem Aufenthalt war das Verhalten die Objektivierung des Unterlassungswillens?[3] Ferner wäre, worauf Frank[4] gegen Kitzinger hinweist, damit eine Möglichkeit gegeben, sich der Strafe landesrechtlich auferlegter Handlungspflichten zu entziehen: „Im Staat A ist bestimmt, daß ein Umzug binnen 14 Tagen polizeilich angemeldet werden muß; X verzieht nach dem Staate B ohne sich abzumelden.

---

[1] Öst. StrR. S. 504.
[2] Binding, Hdbch. S. 423.
[3] Nach Meyer S. 196 kommt nur die letzte in Betracht.
[4] S. 30.

Die Möglichkeit sich dadurch der Strafe zu entziehen, widerspricht der Rechtsidee."

β) Nimmt man anderseits den Erfüllungsort als einzigen Ort der Begehung an, so ist man dann zu Gewaltsamkeiten gezwungen, wenn die Nichterfüllung aus dem Charakter des Nicht-(Anders-) Handelns in den des Zuwiderhandelns übergeht. Wenn der in A wohnende X in B sich stellen soll und sich in seinem Hause künstlich versteckt, damit man ihn nicht hole, so hat er zum mindesten auch in A „begangen". Und ferner dann, wenn es sich um eine Nichterfüllung handelt, die darin besteht, daß man fahrlässigerweise nicht genügend gehandelt hat: X in A hat eine Anzeige nach B zu machen und versäumt die Schalterstunden des Telegraphenamtes in A. Erfüllungsort war B, alles Normwidrige hat sich aber zweifellos in A zugetragen.

b) Aus diesen Erwägungen heraus dürfte dem Ort des Aufenthalts der Ort, wo zu erfüllen ist, gleichzustellen sein.[1]

IV. Verbrechenskonkurrenz.

§ 20.

I. Daß Unterlassungsverbrechen miteinander und mit Begehungsverbrechen realiter konkurrieren können, bedarf keiner Darlegung. Kann aber auch sogenannte ideale Konkurrenz vorliegen?[2]

II. „Idealkonkurrenz liegt vor, wenn scheinbar durch eine Handlung, in Wahrheit durch eine Mehrheit zeitlich, nicht notwendig auch ursächlich, ganz oder teilweise ineinander fallender Handlungen, eine Mehrheit gleichartiger oder ungleichartiger Verbrechen verwirklicht wird."[3]

1. Es ist denkbar, daß für einen Menschen zwei Handlungs-

---

[1] Frank a. a. O.; Binding, Hdbch. S. 423.

[2] Vgl. Binding, Hdbch. S. 580f. u. d. d. Zit.; Beling S. 381.

[3] Bindings Vorlesung.

pflichten von ganz gleicher zeitlicher Dauer bestehen, so daß die Nichterfüllung beider zeitlich aufeinander fällt, beide Verbrechen sich gleichzeitig vollenden.

a) Ist dann die Frist größer als die erforderliche Zeit, so kann man nicht von idealer Konkurrenz reden. Der eine Unterlassungswille kann am Anfang der Frist, der andere erst später gefaßt sein, dem einen kann ein anderes bewußtes äußeres Verhalten entsprechen als dem andern.

b) Und ebensowenig, wenn sofort gehandelt werden soll. Wenn nicht die geringste Frist gesetzt ist, dann macht die eine Erfüllung die andere zeitlich unmöglich: man wird zur gleichzeitigen Hilfeleistung bei zwei Unglücksfällen aufgefordert. Erfüllt man die eine Pflicht und kann infolge davon die andere nicht erfüllen, so ist diese Nichterfüllung strafrechtlich irrelevant. Erfüllt man keine von beiden, hätte aber nur eine von beiden erfüllen können, so decken sich beide Nichterfüllungen zeitlich vollkommen; aber weil nur die eine Erfüllung möglich gewesen wäre, kann man m. E. auch hier nicht von sogenannter idealer Konkurrenz reden.

2. Dagegen nimmt Binding Idealkonkurrenz dann an, „wenn dieselbe Handlung im Sinne des § 73 sich als Erfüllung zweier Gebote dargestellt haben würde.“ Wenn man das aber tut, so beurteilt man die Konkurrenzfrage nicht nach dem Charakter der Nichterfüllung, sondern nach dem der Erfüllung, und dies bedeutet immerhin einen ungewöhnlichen Brauch. Auf jeden Fall muß aber dieselbe Handlung sich auch wirklich als Erfüllung zweier Gebote dargestellt haben. Und dies ist einerseits nicht der Fall, wenn die Gebote innerlich voneinander abhängen, so daß die Erfüllung des einen in der Erfüllung des andern enthalten ist; dann kommt überhaupt nur das letztere in Betracht. Anderseits, wenn nicht eine Handlung vorliegt. Ist ein Mordplan und der Plan einer Brandstiftung derselben Behörde anzuzeigen, dann erfordert die Erfüllung zwei Handlungen: der Weg zur Behörde kann ein einziger für beide Anzeigen sein, die Anzeigen selbst erfolgen nacheinander. Dann wird aber praktisch kaum noch ein Fall idealer Konkurrenz übrig bleiben.

V. Die möglichen Formen des Subjektes beim Unterlassungsdelikt.

§ 21.

Es erübrigt noch zu erörtern, welche Formen der Teilnahme beim echten Unterlassungsdelikt möglich sind. Dabei haben wir nur das bloße Nicht-(Anders-)Handeln im Auge. Die Grundlage der Beantwortung dieser Frage bilden die Ausführungen BINDINGS über die Teilnahme,[1] und vor allem deren Ausgangspunkt: Nur die Personen sind an einem Verbrechen schuldhaft beteiligt, denen mit Bezug auf die Herbeiführung eines Erfolgs deliktischer Wille zur Last fiel und deren schuldhafter Wille in der verbrecherischen Tatseite verwirklicht ist.[2]

I. 1. Das Nicht- oder Anderstun wird dadurch zum Delikt, daß es diejenige Zeit ausfüllt, in der etwas ganz Bestimmtes zu tun das Gesetz vorschreibt. Mit anderen Worten: den Tatbestand bloßer Nichterfüllung kann nur derjenige setzen, der zum Handeln verpflichtet war. A kann den Pflichtigen B zu einer Nichterfüllung determinieren; dann hat aber nicht A nicht erfüllt, denn er hatte nicht zu erfüllen, sondern allein B. Die Erfüllung einer jeden Handlungspflicht kann immer nur von einem gefordert sein: es können tausend Menschen zu einer generell gleichen Handlung verpflichtet sein, immer ist dann aber vom einzelnen ein konkretes Andere gefordert. Es können sich mehrere, die zu gleicher Leistung verpflichtet sind, verabreden, daß keiner von ihnen seine Pflicht erfülle: es kann aber keiner von ihnen für den andern nichterfüllen. Das ganze äußere Verhalten der Unterlassung ist eben nur negativ charakterisiert. Und wenn nun zwei, die sich beide zu gleicher Zeit zu stellen haben, in gemeinsamem Willen und gemeinsamem Tun die Frist verstreichen lassen, so ist eben dieses Tun des einzelnen immer nur für ihn selbst relevant; er hat vielleicht dadurch den andern in seinem Unterlassungsentschluß bestärkt, er hat aber nur für sich nicht erfüllt, handelt es sich doch nur um eine Gemeinsamkeit eines Negativen.

---

[1] Grundriß S. 144ff. [2] S. 145.

2. Sämtliche Unterlassungsdelikte gehören also zur Gruppe der nur eigenhändig zu begehenden Verbrechen, und es ist sowohl eine Teilung der Täterschaft in mittelbare und unmittelbare ausgeschlossen als auch die Annahme einer Mittäterschaft.[1] Der unmittelbare wie der mittelbare Täter muß alle die persönlichen Eigenschaften besitzen, die das Gesetz zu der betreffenden Deliktsart fordert, ebenso jeder Mittäter im engeren Sinne. Diese persönlichen Eigenschaften kann aber bezüglich der Unterlassung immer nur einer haben, nämlich der, der zu erfüllen hatte.

3. Wenn aber mehrere zur gemeinschaftlichen Vornahme einer Handlung verpflichtet sind und gemeinsam die Nichterfüllung beschließen, nimmt Oppenhoff[2] Mittäterschaft an. Hier muß man aber unterscheiden:

a) A und B sind zu der gleichen Verbrechensanzeige verpflichtet und beschließen gemeinsam, nicht zu erfüllen. Die Erfüllung verlangte eigentlich sowohl Anzeige von A wie von B bezüglich desselben Verbrechensplanes, die Anzeige des einen genügt aber, wenn der andere davon weiß. Wenn aber keiner von beiden anzeigt, dann liegt zwar eine Art Willensvergemeinschaftung vor, es handelt sich dann aber bei den zwei Willen nicht um den gleichen Inhalt, sondern um den entsprechenden Inhalt: A will seine Pflicht nicht erfüllen, und B will seine Pflicht nicht erfüllen. A kann erfüllen und nicht erfüllen ganz unabhängig von B, und ebenso B.

b) Es können aber auch mehrere gewissermaßen gesamtschuldnerisch zu einer Leistung verpflichtet sein: A und B sind als Miteigentümer desselben Hauses zu dessen Ausbesserung verpflichtet. Hier kommt die gemeinsam verabredete Nichterfüllung als ein Delikt in Betracht, und man kann hier von (einer Art uneigentlicher) Mittäterschaft reden. Eine eigentliche liegt aber auch hier insofern nicht vor, als das äußere den gleichen Unterlassungswillen objektivierende Verhalten bei A und B grundverschieden sein kann, und als auch hier jeder den auf ihn ent-

[1] Ebenso Schwalbach S. 611, Meyer S. 234.
[2] N. 20 zu § 47 StrGB.

fallenden Teil des Handelns unterläßt, wenn er auch die ganze Nichterfüllung verantworten muß.

II. Kann es sich so bei der bloßen Unterlassung immer nur um Alleintäterschaft handeln, so kann doch die als Delikt empfundene Nichtveränderung ihre Wurzel haben auch im Verhalten solcher Personen, die selbst unfähig sind zur Nichterfüllung.

1. Es ist einmal möglich — und das bedarf keiner Erörterung —, daß ein Handlungsfähiger den tauglichen Täter, d. i. den Pflichtigen, bestimmt hat zur Nichterfüllung. Ein Nichtpflichtiger kann Urheber des Unterlassungsdeliktes eines Pflichtigen sein. Jener beteiligt sich nicht an dem Delikt, zu dem er diesen motiviert, er kann es gar nicht begehen. (Ob die Urheberschaft, entsprechend derjenigen bei Begehungsverbrechen, auch hier darin bestehen kann, einen Handlungsunfähigen zur Verwirklichung des objektiven Tatbestands eines Unterlassungsdeliktes zu determinieren, dürfte zweifelhaft sein: die Nichtveränderung stellt ja nur deshalb einen objektiven Tatbestand dar, weil eine Veränderung geboten ist, und geboten werden kann nur den Handlungsfähigen. Einen objektiven Tatbestand dürfte es also in solchem Falle gar nicht geben. Beispielsweise können aber die Dinge so liegen, daß ein Handlungsunfähiger von einem Verbrechensplan hört, diesen anzeigen will, und daß ein Dritter ihn dann bestimmt, die Anzeige zu unterlassen. Nach den positiven Vorschriften über die Anstiftung wäre der Dritte nicht strafbar — gleichgültig, ob man die Unterlassung des Handlungsunfähigen als objektiven Tatbestand ansehen will oder nicht —, er wäre aber strafbar wegen Beihilfe zu dem Verbrechen, dessen Anzeige zu unterlassen er den Handlungsunfähigen bestimmte.)

2. Anderseits ist es möglich, daß ein Dritter einen Pflichtigen in der Unterlassung unterstützt. Da aber zu der Unterlassung nichts gehört als der Wille etwas nicht zu tun, kann die Beihilfe bloß in Betracht kommen als Setzung oder Vernichtnng einzelner den Willen des Pflichtigen bildenden Bedingungen. Der Gehilfe macht den Zaudernden im Unterlassungswillen fest; er überredet ihn oder sucht ihn zu zerstreuen. Er nimmt z. B. mit dem Pflichtigen irgend eine Unternehmung vor, damit dieser nicht an

die Erfüllung denke — stets handelt es sich um eine Einwirkung auf den Willen, um eine intellektuelle Beihilfe. Die Beihilfe darf natürlich nicht so geartet sein, daß sie den Gehilfen zum Urheber macht; denn dann kommt er nur in seiner Eigenschaft als Urheber in Frage. So sind als Beihilfe auch die unter I. erwähnten Fälle aufzufassen, wo mehrere zu gleichartigen Leistungen verpflichtet, untereinander ausmachen und sich gegenseitig bestimmen, die Pflicht nicht zu erfüllen, es sei denn, daß einer der Urheber aller Unterlassungswillen ist.

III. Bei denjenigen Handlungspflichten, die nicht ein höchstpersönliches Handeln erfordern, kann es, wiewohl der Pflichtige erfüllen wollte und alles getan hat, was er billigerweise tun mußte, zur Nichterfüllung dadurch kommen, daß der, der vom Pflichtigen mit der Erfüllung beauftragt war, schuldhaft diese unterläßt. In welchem Falle er dann kriminell verantwortlich gemacht werden kann, bedarf besonderer Erörterung.[1]

---

[1] Über die Haftung für Finanzdelikte der Untergebenen, die die Verwandtschaft der Finanzstrafe für Unterlassungsdelikte mit zivilrechtlichen Ersatzansprüchen zeigt, vgl. Otto Mayer II S. 466. — Binding, Hdbch. S. 489 redet von krimineller Bürgschaft.

Literatur.

Vorbemerkung: Wurde nur ein Werk eines Schriftstellers benutzt, so wird dieser nur namentlich, ohne Angabe des Werkes, zitiert.

ALDOSSER, Inwiefern können durch Unterlassungen strafbare Handlungen begangen werden? 1882.

v. BAR, Die Lehre vom Kausalzusammenhang. 1871.

BELING, Die Lehre vom Verbrechen. 1906.

BERNER, Lehrbuch des Strafrechts. 7. Aufl. 1874.

BIERLING, Juristische Prinzipienlehre I 1894, III 1905.

BINDING, Die Normen und ihre Übertretung I 2. Aufl. 1890, II 1877.

— Handbuch des deutschen Strafrechts I 1885.

— Lehrbuch des deutschen Strafrechts I 2. Aufl. 1902, II 2. Aufl. 1904/5.

— Grundriß des deutschen Strafrechts, Allgem. Teil, 7. Aufl. 1907.

v. BURI, Über Kausalität und deren Verantwortung 1873.

— Gerichtssaal 1875, 25ff., 1876, 161ff.; Beil. z. GS. 1878, 93ff.

FEUERBACH, Lehrbuch des peinlichen Rechts 14. Aufl. (Mittermaier) 1847.

FINGER, Lehrbuch des deutschen Strafrechts I 1904.

— Das Strafrecht I 3. Aufl. 1912 (Kompendien des österr. Rechts).

FISCHER, Die Rechtswidrigkeit 1911.

FLEINER, Institutionen des Verwaltungsrechts 1911.

FRANK, Das Strafgesetzbuch für das deutsche Reich 5.—7. Aufl. 1908.

GLASER, Abhandlungen aus dem österr. Strafrecht 1858.

— in HOLTZEND. Rechtslex. 3. Auf. 1881 III 932ff.

— Gerichtssaal 1882, 34ff.

GOLDSCHMIDT, Das Verwaltungsstrafrecht 1903.

HÄLSCHNER, Das Unrecht und seine verschiedenen Arten, GS. 1876, 401ff.

— Lehrbuch des Strafrechts I 1881.

HEFFTER, Anfangspunkt der Strafverjährung G.A. I (1853), 307ff.

HEYSSLER, Das Zivilunrecht und seine Formen 1870.

HOFACKER, Verhältnis der Exekutiv- zu den Kriminalstrafen, Verw.-Arch. XIV.

HOLD v. FERNECK, Die Rechtswidrigkeit 1903.

KELSEN, Hauptprobleme der Staatsrechtslehre 1911.

KITZINGER, Ort und Zeit der Handlung im Strafrecht 1902.

KOLLMANN, Die Stellung des Handlungsbegriffs im Strafrechtsysteme 1908.

KORMANN, System der rechtsgeschäftlichen Staatsakte 1910.
KÖSTLIN, Neue Revision der Grundbegriffe des Kriminalrechts 1845.
KRUG, Abhandlungen aus dem Strafrecht 1855.
LANDSBERG, Die sog. Kommissivdelikte durch Unterlassung 1890.
v. LISZT, Lehrbuch des deutschen Strafrechts 16. Aufl. 1908.
LUDEN, Kriminalistische Abhandlungen I 1836, II 1840.
MAYER, OTTO, Deutsches Verwaltungsrecht 1895.
MERKEL, Kriminalistische Abhandlungen I 1867.
— Lehrbuch des Strafrechts 1889.
MEYER, Lehrbuch des deutschen Strafrechts 5. Aufl. 1895.
NEUKAMP, Die polizeil. Verfügungen zur Verhütung strafbarer Handlungen und Unterlassungen, Verw.-Arch. III 177.
OERSTED, Über die Grundregeln der Strafgesetzgebung I. aus dem Dänischen. 1818.
OLSHAUSEN, Kommentar zum StGB. 8. Aufl. 1909.
ORTMANN, Einteilung der Verbrechen in Begehungs- und Unterlassungsverbrechen, HOLTZEND. StrRZtg. 1873, 465.
RADBRUCH, Handlungsbegriff 1904.
v. ROHLAND, Internationales Strafrecht 1877.
— Die Gefahr im Strafrecht 1886.
— Die strafbare Unterlassung I 1887.
— Die Kausallehre des Strafrechts 1903.
SCHWALBACH, Zur Lehre von den echten Unterlassungsdelikten, GS. 1879, 538—553, 603—615.
SCHWARZE, Kommentar zum StGB. für das Deutsche Reich 3. Aufl. 1873.
SEELIGSOHN, Die eigentl. Unterl.-Del. nach dem deutsch. StrGB., GA. 1880, 210.
SPANGENBERG, Über Unterlassungsverbrechen und deren Strafbarkeit, NA. d. Kr.R. (1821) IV, 527ff.
STURM, Die Kommissivdelikte durch Unterlassung und die Omissivdelikte 1883.
TEMME, Lehrbuch des Preußischen Strafrechts 1853.
TRENDELENBURG, Logische Untersuchungen 3. Aufl.
DE VRIES, de delictis omissionis 1831.
WACH, Kritik von BINDINGS Normen, GS. 1873, 439ff.
— Druckbogen zur Strafrechtsvorlesung.
ZACHARIAE, Die Lehre vom Versuch der Verbrechen I 1836.
ZITELMANN, Irrtum und Rechtsgeschäft 1879.

FSC
www.fsc.org
MIX
Papier | Fördert gute Waldnutzung
FSC® C083411

Kolibri 360 GmbH
Ferdinand-Jühlke-Straße 7
99095 Erfurt, Deutschland
produktsicherheit@kolibri360.de